ALL ABOUT HISTORY　萤火虫

THE ROMANOVS

俄罗斯帝国的兴衰：

[英]菲莉帕·格里夫顿　编著
胡欣　慕翼蔚　译

1613-1917
罗曼诺夫王朝三百年

中国画报出版社·北京

图书在版编目（CIP）数据

俄罗斯帝国的兴衰：1613—1917，罗曼诺夫王朝三百年 / (英)菲莉帕·格里夫顿编著；胡欣，慕翼蔚 译. —— 北京：中国画报出版社, 2021.3（2023.9重印）
书名原文: ALL ABOUT HISTORY: THE ROMANOVS
ISBN 978-7-5146-1989-8

Ⅰ.①俄… Ⅱ.①菲… ②胡… ③慕… Ⅲ.①罗曼诺夫王朝(1613-1917)-历史-通俗读物 Ⅳ.①K512.09

中国版本图书馆CIP数据核字(2020)第259521号

All About History: The Romanovs
Articles in this issue are translated or reproduced from All About History: The Romanovs, Second Edition and are the copyright of or licensed to Future Publishing Limited, a Future plc group company, UK 2019.

著作权合同登记号：图字01-2020-6891

俄罗斯帝国的兴衰：1613—1917，罗曼诺夫王朝三百年

[英] 菲莉帕·格里夫顿 编著　胡欣 慕翼蔚 译

出 版 人：于九涛
选题策划：赵清清
责任编辑：赵世明
特约编辑：许晓善
审　　校：崔学森
责任印制：焦 洋

出版发行：中国画报出版社
地　　址：中国北京市海淀区车公庄西路33号　邮编：100048
发 行 部：010-88417418　010-68414683（传真）
总编室兼传真：010-88417359　版权部：010-88417359

开　　本：16开（787mm×1092mm）
印　　张：11.75
字　　数：142千字
版　　次：2021年3月第1版　2023年9月第6次印刷
印　　刷：北京汇瑞嘉合文化发展有限公司
书　　号：ISBN 978-7-5146-1989-8
定　　价：60.00元

俄罗斯帝国的兴衰

  1613年至1917年，在罗曼诺夫王朝统治下，俄国从被西方鄙夷不屑的落后穷国，一跃成为疆域举世无匹的强大帝国，不仅击败了不可一世的拿破仑，还染指欧洲政治，却又从峰顶倏忽坠落，走向毁灭。在这三百年中，既有锐意进取的改革、可歌可泣的爱情、荣耀辉煌的战绩，也充斥着血腥毒辣的阴谋、颠顶残酷的暴政、令人扼腕的失败。这段传奇般的历史奠定了现代俄罗斯的基础，也构成了俄罗斯民族精神的底色。

  在本书中，你会看到英明果断，带领俄国走向现代化，却将亲生儿子杀死的彼得一世；出身外国农妇，却成为俄国第一位女皇的叶卡捷琳娜；自幼登基，却被囚二十余年，生不如死的伊凡六世；开疆拓土，使俄国达到鼎盛，却以私生活混乱著称的叶卡捷琳娜二世；击败法国入侵并挥师欧洲，却始终活在杀父的心理阴影中的亚历山大一世；怯懦无能，任由后宫干政，终于使帝国和自身一同灭亡的尼古拉二世……本书以曲折生动的叙述，将18位沙皇的事迹逐一展现，并以专题讲解了"天堂之城"圣彼得堡的建造以及冠绝天下的沙皇珍宝在亡国后流向何方。

目录

6	家谱
8	米哈伊尔一世：动荡年代
20	阿列克谢一世：饱受争议的沙皇
26	费奥多尔三世：开明君主
33	彼得一世、伊凡五世以及索菲娅：莫斯科崛起
40	彼得一世：伟大的改革者
48	圣彼得堡：白骨之城
58	叶卡捷琳娜一世：从农奴到君主
66	彼得二世：皇位继承危机
69	安娜：残酷宫廷

76	伊凡六世：失踪的沙皇
82	伊丽莎白一世：女皇和奢华宫廷
89	彼得三世：糟糕的另一半
92	叶卡捷琳娜二世：性、谎言和军事力量
104	保罗一世：推翻沙皇统治
110	亚历山大一世：战争与和平
122	尼古拉一世：宫廷灾难
128	亚历山大二世：解放俄国
134	亚历山大三世：最后的独裁者
142	尼古拉二世：沙皇的诅咒
156	拉斯普京：疯狂修道士
162	阿纳斯塔西娅：神秘失踪的女孩
174	来自俄国皇室的战利品

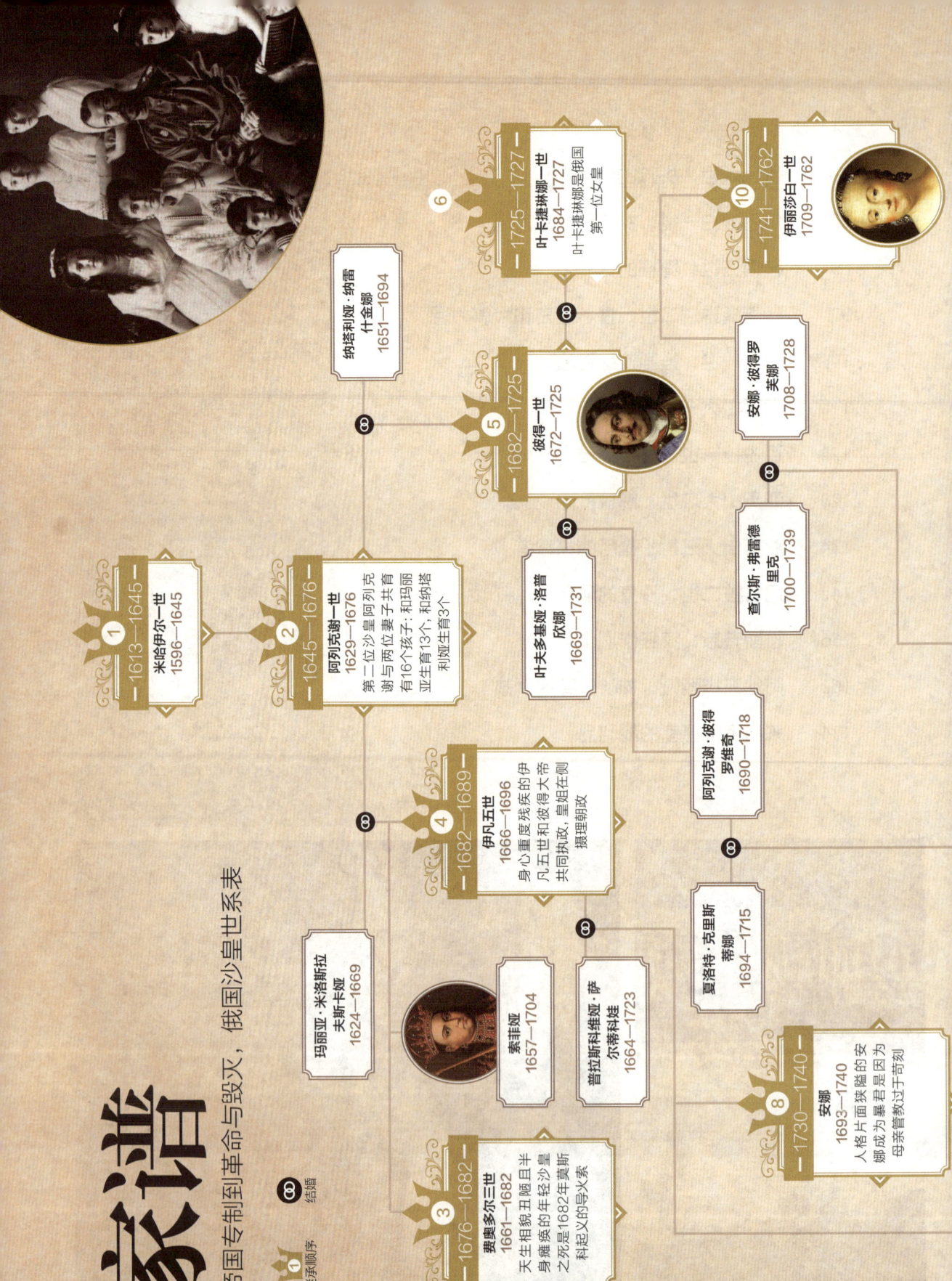

家谱

从帝国专制到革命与毁灭，俄国沙皇世系表

👑 继承顺序　∞ 结婚

1 —1613—1645—
米哈伊尔一世
1596—1645

2 —1645—1676—
阿列克谢一世
1629—1676
第二位沙皇阿列克谢与两位妻子共育有16个孩子：和玛丽亚生育13个，和纳塔利娅生育3个

玛丽亚·米洛斯拉夫斯卡娅
1624—1669

3 —1676—1682—
费奥多尔三世
1661—1682
天生相貌丑陋且半身瘫痪的年轻沙皇之死是1682年莫斯科起义的导火索

索菲娅
1657—1704

普拉斯科维娅·萨尔蒂科娃
1664—1723

4 —1682—1689—
伊凡五世
1666—1696
身心重度残疾的伊凡五世和彼得大帝共同执政，皇姐在侧摄理朝政

纳塔利娅·纳雷什金娜
1651—1694

5 —1682—1725—
彼得一世
1672—1725

叶夫多基娅·洛普欣娜
1669—1731

6 —1725—1727—
叶卡捷琳娜一世
1684—1727
叶卡捷琳娜是俄国第一位女皇

阿列克谢·彼得罗维奇
1690—1718

夏洛特·克里斯蒂娜
1694—1715

8 —1730—1740—
安娜
1693—1740
人格片面狭隘的安娜成为暴君是因为母亲管教过于苛刻

安娜·彼得罗芙娜
1708—1728

查尔斯·弗雷德里克
1700—1739

10 —1741—1762—
伊丽莎白一世
1709—1762

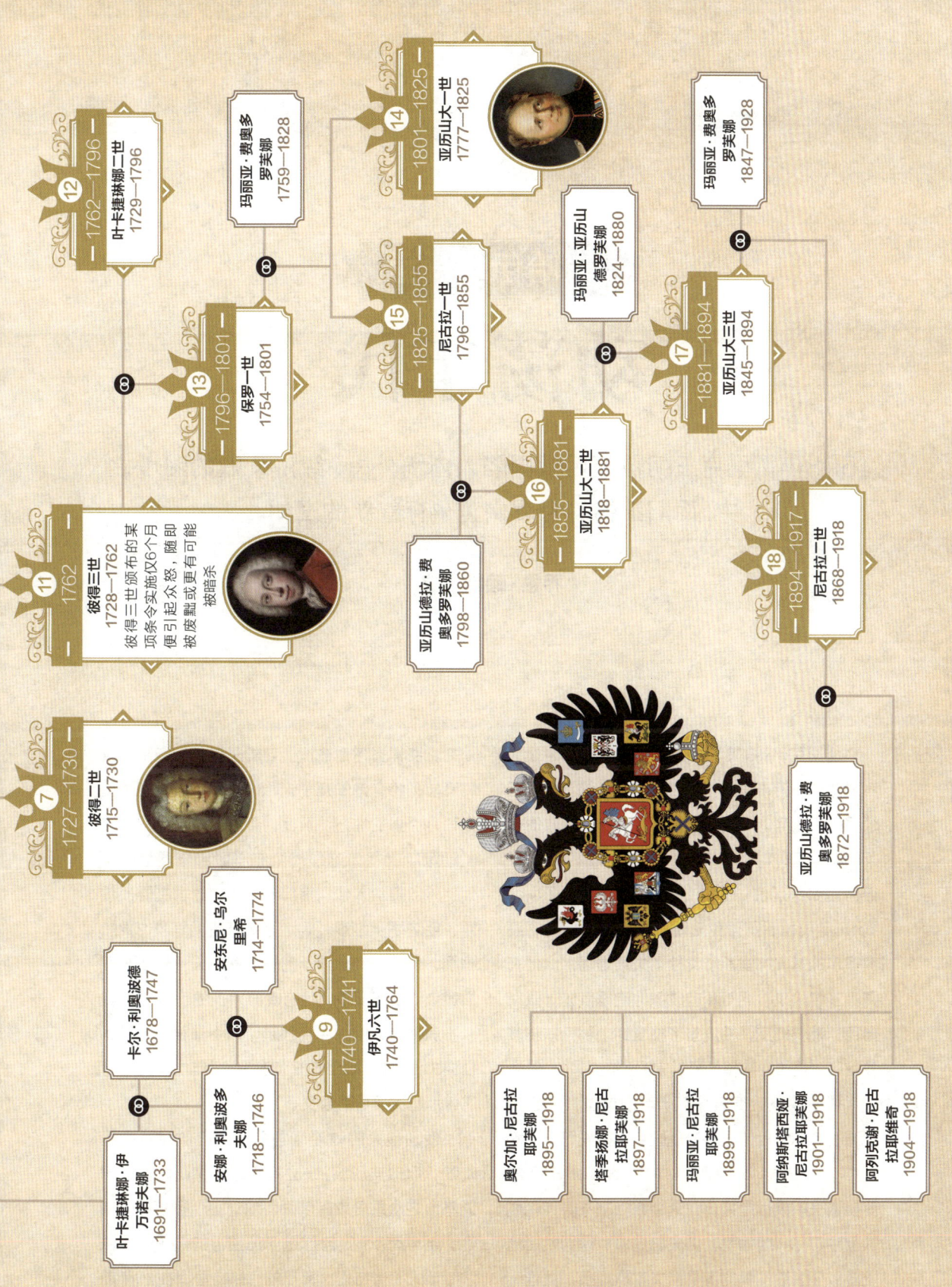

米哈伊尔一世

动荡年代

1598年留里克王朝覆灭后俄国陷入内忧外患、经济衰败的困境之中,而旧王朝的余烬中正孕育着新的王朝。

乔恩·赖特 / 文

留里克王朝的起源可以追溯到公元9世纪,其发源地在诺夫哥罗德,该王朝在俄国历史中延续了700余年。1547年雷帝伊凡四世执政时是王朝的鼎盛时期;伊凡的儿子费奥多尔·伊万诺维奇是其继承者,可惜他心智虚弱且无子嗣,1598年离世后留里克王朝戛然而止。此时,费奥多尔的妹夫鲍里斯·戈杜诺夫乘虚而入,他在费奥多尔执政时期曾卓有成效地治理俄国,政绩出色,擅长外交,并成立了独立的俄罗斯东正教牧首区,但作为沙皇他显然较为逊色。

很多俄罗斯贵族并不认可由这位并非出身上流社会的戈杜诺夫来治理国家,祖先可以追溯到14世纪安德烈·科贝拉(Andrei Kobyla)的罗曼诺夫家族也是如此。这个家族毫不隐讳他们的反对意见,因为戈杜诺夫总是采取惩罚性措施流放敢于表达不满的罗曼诺夫家族成员。就连一家之主费奥多尔也被迫抛弃妻子进入修道院,改名菲拉列特;他的儿子米哈伊尔则被放逐到距莫斯科几百里的地方。至此,俄国进入了历史上的"动荡年代",这是一个充满毁灭与混乱的时代:外敌多次入侵,冒牌沙皇僭位,君主更换频繁,经济举步维艰,政治千头万绪,气候也更加糟糕。1601—1603年的长期寒冷天气使庄稼严重歉收,据统计有1/3的俄国人丧生。饥饿酝酿了不满情绪,俄国民变四起,其中最著名的是戈杜诺夫沙皇时代,1606年到1607年由伊凡·博洛特尼科夫领导的起义。

俄国最大的政治问题是该国宿敌对其虎视眈眈,以瑞典和波兰-立陶宛联邦军队为首,率领乌合之众乘机攻打俄国。此时出现多起诡异事件,至少有3个人自称是伊凡四世的儿子——合法继承人德米特里。真正的德米特里早在10年前

▼ 第一任俄国罗曼诺夫沙皇肖像，绘于18世纪早期

▲ 一群人恳求米哈伊尔的母亲力劝米哈伊尔去莫斯科继任沙皇

便已离世，但这并没有妨碍他们的荒唐行为肆虐俄国；罗曼诺夫家族则在一旁推波助澜，最终成为俄国政治动荡的最大赢家。

1603年第一位伪德米特里一出现便轻易获得了戈杜诺夫的政敌、南方哥萨克人和波兰精英阶层的支持，甚至梵蒂冈也支持他，因为或许可以借此争取俄国皈依天主教。不久，波兰军队、德国雇佣兵及哥萨克人开始入侵俄国领土，著名的德米特里之战爆发。战争初期，伪德米特里支持者在战场上并不占优势，但1605年戈杜诺夫的去世给他们带来了意外的转机。从理论上说，费奥多尔——戈杜诺夫的儿子应该成为沙皇，但1605年6月伪德米特里卷土重来，率兵压境进攻莫斯科，声称自己才是正牌俄国统治者。伪德米特里一派为得到罗曼诺夫家族宝贵的支持，特意提拔菲拉列特担任高级文职。

第一位伪德米特里掌权并没有多久，很快人们就怀疑他是波兰人的傀儡，是一个允许外国

▲ 1598年费奥多尔一世去世，留里克王朝终结

▼ 鲍里斯·戈杜诺夫曾经企图尝试在留里克王朝覆灭后攫取皇权，却以失败告终

稳定性很重要，且米哈伊尔并不缺少竞争对手。

沙皇妻子的艰难生活

——入宫门深似海

从表面上看尤多西亚·斯特列什涅娃的生活风光无限——沙皇第二任妻子的生活肯定不会很艰难。然而童年时期的尤多西亚很孤独，成为米哈伊尔的配偶后也不快乐。她要严格按照17世纪世俗对贵族女人所期望的那样生活，如同隐居一般，除了最亲近的人外她都不能接触，谨遵各种规矩，而且婆婆持续的烦扰和监督令人难以忍受。

也许正因如此，尤多西亚在慈善和资助宗教建筑项目上投入大量精力，充满信仰的生活反而给予她更多安全感。米哈伊尔第一任妻子玛丽亚·多尔戈鲁科娃的生活与尤多西亚不同，她一直受婆婆照护，是婆婆百里挑一的儿媳，且玛丽亚人缘很好。可惜玛丽亚婚后短短4个月便染病身亡，有关她被投毒致死的传言恐有夸大其词之嫌。

▲ 米哈伊尔深爱第二任妻子尤多西亚·斯特列什涅娃

势力重塑俄国未来的人。1606年莫斯科爆发起义，人们推选自称拥有留里克家族血统的瓦西里·苏斯基为沙皇瓦西里四世。显然瓦西里并没有让所有人皆大欢喜，于是冒牌者继续粉墨登场。

第二位伪德米特里出现了，他依然获得了波兰的支持且远离俄国贵族。菲拉列特再次高升，荣任全俄正教大牧首一职，罗曼诺夫家族再获全胜。人们没过多久就再次上当：第三位伪德米特里出现了，哥萨克人凭空推举出假冒的前任沙皇留里克的儿子彼得，其实这个人根本没存在过。

无论怎样，第二位伪德米特里获得了几次重大军事胜利，但却无法占领莫斯科。紧张的瓦西里四世四处寻求盟友，终于在1609年以转让土地为条件与瑞典结盟，对瑞典敌意颇深的波兰立刻警觉起来。

至此，波兰尚未正式对俄宣战，只是允许并支持动摇俄国政权的企图，而俄国与瑞典联盟让波兰国王意识到身陷危机。西吉斯蒙德三世不仅推翻了第二位伪德米特里，还谋划入主俄国，使自己或者自己的儿子成为俄国统治者。西吉斯蒙德似乎更倾向前者，他看到了向异端民族宣扬其信仰的机会，但最后还是他儿子瓦迪斯瓦夫实现了这个目标。

1609年，波兰正式对俄国宣战，这场战争使龃龉和敌意深深地扎根在波兰和俄国人心中长达几个世纪。1610年7月克卢申诺战役是这场战争中的重要战役，以寡敌众的波兰军队奇迹般获得了胜利，有人说："简直不可思议，我记得军队成功进攻了8次或10次……我们的装备都散架了，人也没什么力气了。"

1610年波兰攻入莫斯科并推翻瓦西里四

他缔造了大众对罗曼诺夫王朝的绝对忠诚。

沙皇的父亲

谁是菲拉列特？

费奥多尔·罗曼诺夫在留里克王朝的最后几年因其擅长外交和军事而名声大噪。当最后一位留里克沙皇去世时，取而代之者完全有可能是费奥多尔而不是鲍里斯·戈杜诺夫。

在动荡年代，即使身在偏远修道院的费奥多尔仍没有放弃政治谋划。他通常被描绘成不择手段控制自己儿子的人物，这有一定的道理，但人们也会经常忽略他为宗教所做出的贡献。费奥多尔热爱神学，热切坚持其对俄罗斯正教的独到见解。可其他教友对此嗤之以鼻，这也常常令他十分恼怒。不过总地说来他的人格有很多维度，复杂程度超乎人们想象。

费奥多尔以退为进，利用大牧首的身份行使专制特权，并把教会打造成了国家的另一个权力基础。

▲ 米哈伊尔的执政方式深受父亲影响

世，瓦迪斯瓦夫成为掌控俄国全境的统治者，波兰占领了斯摩棱斯克充当谈判筹码进行讨价还价。意外的是，俄国人奋力抵抗波兰入侵，商人库兹马·米宁和德米特里·波扎尔斯基公爵带领莫斯科人团结起来一致对外。结果1612年波兰撤军，俄国人成功收复莫斯科。

其实接下来这段时期异常艰难。除波兰以外，瑞典人也占据了俄国的土地，尤其是诺夫哥罗德，而南方的鞑靼人也开始借此制造事端。甚至援助俄国的军队也带来了沉重的灾难。据时人回忆，因为"军队劫掠成性"，所以只会加剧"俄国的痛苦"，他们不仅威胁俄国人的"利益和财产，还有他们的妻子和女儿们，因为她们在任何地方都有可能沦为街头妓女，成为满足士兵们的泄欲工具"。

俄国出现经济危机，各派系势力分裂割据，此时需要一位新沙皇稳定局势。在众多候选人中，有些人把目光投向瑞典国王的兄弟，但最终人们一致认为还是选俄国人更安全。经过数周讨论，米哈伊尔·罗曼诺夫从至少800位候选人中脱颖而出，他血统纯正且自称与留里克王朝有联系——他曾有位祖先嫁给了伊凡四世。实际上，他是各方相互妥协的结果。

米哈伊尔并不确认他是否愿意担当此责，他的母亲则对此事毫无兴趣，而且她坚持认为如此沉重的负担不应强加在儿子身上。最后米哈伊尔让步，于1613年他16岁时即位沙皇，加冕仪式的神甫十分清楚地阐明了米哈伊尔的职责："上帝加冕米哈伊尔成为沙皇和大公，全俄的统治者。统治俄国的王权交给你，守护它并维护它赋予你的统治权，按照上帝的旨意统治王国。"在俄国风雨飘摇之际，罗曼诺夫王朝就这样拉开了

▲ 克卢申诺之战是俄国与波兰战争中的转折点

帷幕。但米哈伊尔准备好了吗?

人们对米哈伊尔执政的评价褒贬不一,通常认为新沙皇过于依赖他人,尤其是他父亲。有人认为,之所以选米哈伊尔也许就是因为他容易被操控。在辩论选谁当沙皇时,一位代表直言不讳:"他年轻没有经验,这一点符合我们的要求。"至少在刚开始执政时,米哈伊尔确实别无选择,只能奉行协商一致的策略:在他执政的头十年,几乎每年都召开缙绅会议或称国会。稳定最重要,且米哈伊尔不缺竞争对手或敌人,波兰的瓦迪斯瓦夫始终坚持他才是俄国的合法统治者,在1617年还对俄国发动了最后一次愚蠢的进攻。

1619年波兰人释放了米哈伊尔大名鼎鼎的父亲菲拉列特,一位可与沙皇平分秋色的重量级人物。当时有人评论,他"非常专横傲慢,沙皇都惧怕他,在他的圣衣下跳动着渴望权力的波雅尔贵族的心脏"。经历诸多外敌入侵后,米哈伊尔的父亲特别专注于探索俄国自己的道路,而不受欧洲大国的干涉。这方面他"偏执到了近乎狭隘的地步",直到1633年去世前,菲拉列特一直是皇权的实际掌控者。

除了具体的政策以外,米哈伊尔最突出的贡献是在很短的时间内,缔造了大众对罗曼诺夫王朝的绝对忠诚。仁慈君王的名声越传越响亮,尽管他可能配不上那么高的声誉,可他推广了这种观念:无论奉行怎样的政策都要保持对沙皇的绝对忠诚。这种观念融入了所有围绕着他的故事和传说之中,其中最著名的是关于伊凡·苏萨宁的故事,这个故事被写成歌剧和话剧,影响了几代人。该故事的主题是波兰部队追捕新任沙皇米哈伊尔途中偶遇樵夫苏萨宁,对他进行严刑拷打几个小时后,苏萨宁终于答应带路寻找米哈伊尔,但那只是一个谎言——事实是苏萨宁誓死也不会

米哈伊尔有时只是宫廷游戏的棋子。

背叛米哈伊尔。他把波兰军队引入深山密林，在那里他们深陷困境，几近覆灭。苏萨宁于是成为传说中的英雄：宁可忍受艰难困苦也要誓死效忠沙皇。

罗曼诺夫家族一直善于利用这种忠诚，他们通过强调自己显赫的社会地位借以衬托他们的事业，为其功绩造势；夸大其家族宗谱凭证并试图抹去近期历史中对其形象有损的不光彩历史记录。更为荒谬的是，他们竟然对外宣称最后一位留里克沙皇希望罗曼诺夫家族成员继承皇位，还要抹去参与同谋伪德米特里（参与前后两个冒牌者的政治活动）事件的史实。残酷无情也是米哈伊尔执政时期实施政策的一个主要特点，任何想挑战沙皇权威或发表企图篡权言论的人都会受到

▲ 波兰西吉斯蒙德三世趁火打劫俄国

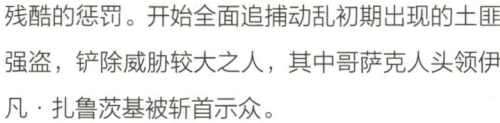

◀ 米宁和波扎尔斯基纪念碑，他们在"动荡年代"曾领导反抗波兰入侵的战役

残酷的惩罚。开始全面追捕动乱初期出现的土匪强盗，铲除威胁较大之人，其中哥萨克人头领伊凡·扎鲁茨基被斩首示众。

最重要的是米哈伊尔从一开始就被认定是君权神授，所以理应得到最大的尊重。他的正式头衔是现代欧洲早期历史中最长的，而且不允许缩短，只能用全称。一位参观宫廷的英国游客曾采用简化但依然全面的称呼"全俄罗斯沙皇，弗拉基米尔、莫斯科及诺夫哥罗德大公，喀山之王，阿斯特拉罕之王"，当受到批评时，这位游客说"国王的头衔太长，外国人记不住"。即使这样，最后还是必须使用全称。事实上，越来越频繁地使用"沙皇"来称呼米哈伊尔是为了将他与恺撒大帝相提并论，从而使莫斯科成为新罗马，一切都是为维护皇家形象。

米哈伊尔执政时期具体而实在的政绩很多，毕竟建立一个王朝并非轻而易举之事。最首要的政绩就是结束与瑞典和波兰破坏性的冲突。1617年前者得到解决，且瑞典同意归还诺夫哥罗德的统治权，但代价是保留沿芬兰湾城镇的所有权，总之这是值得付出的代价。1618年俄国与波兰停战，条件是波兰人控制斯摩棱斯克。这个问题将在1632年再次浮出水面，引发俄国与波兰之间另一场历时较为短暂的战争。

米哈伊尔在位期间外敌威胁不断，其中克里米亚鞑靼人不断挑衅俄国，经常绑架俄罗斯人贩卖到奥斯曼做奴隶。米哈伊尔待在他所钟爱的玫瑰园中会更快乐，不过在其位要谋其政。米哈伊

▲ 第一位伪德米特里，众多冒充者中的一位

尔在位期间完成了多项任务：让四分五裂的国家恢复秩序，在本地区的政治舞台上为俄国争取到一席之地，整顿俄国经济并在某种程度上优化了地方行政机制。此外，在第一次短暂的婚姻结束后，米哈伊尔和尤多西亚·斯特列什涅娃育有10个孩子。

展望未来，俄国对外界还抱有深深的怀疑，文化差异十分显著，这无疑证明朝着彼得大帝大张旗鼓的世界主义政策还有很长的路要走。1642年米哈伊尔向丹麦派出使团，希望女儿伊琳娜与丹麦王子联姻。根据西方外交礼仪，丹麦要求提供伊琳娜肖像，但俄方声称只有亲属才能一睹俄国公主的芳容，至于其他任何人，无论本人还是肖像皆无缘得见。

尽管俄国地处偏远，可米哈伊尔却热衷于招募外国大炮工匠，希望外国士兵训练本国军队，还从西欧进口最新武器。1624年，168名波兰士兵、113名德国士兵以及64名爱尔兰士兵前往俄国传播军事知识。17世纪30年代，大街上随处可见瑞典轮匠和木匠。亚乌扎河右岸是莫斯科繁华富饶的日耳曼区，所有外国侨民都住在这里。俄国甚至积极开拓西伯利亚东部谋求更多利益。

米哈伊尔有时只是宫廷游戏的棋子，但人们容易低估他对罗曼诺夫王朝做出的个人贡献。米哈伊尔和其他罗曼诺夫家族的人一样经常受伤或患病，困扰他一生的腿伤是其不幸身故的原因。接连失去两个儿子使米哈伊尔悲痛欲绝，最终于1645年去世。

从以上史实很容易得出这样的结论：动荡年代的俄国变得越来越内向，害怕与外界过多接触且满足于自我疗伤。毫无疑问，追求国家复兴和表面上的秩序是罗曼诺夫家族的最大优点。尽管俄国精英阶层的派系相争从未停歇，社会底层人士时常抗议，但罗曼诺夫家族在维护社稷稳定方面功不可没。过去几十年外敌不断进犯，俄国必须捍卫本国领土，抵御侵略。尽管如此，从米哈伊尔执政初期就可以看出与其他国家接触和交往的趋势，这将决定罗曼诺夫王朝未来几十年的前景。

加冕后的几个月里，米哈伊尔派人出使德国、荷兰和英国。其中阿列克谢·齐律（Aleksei Ziuzin）造访詹姆士一世和六世尤为引人注目。这次出使一方面是为俄国争取支持，若能幸运得到资助会对俄国更加有利；另一方面，齐律更主要的任务是了解西方外交礼仪规则，获取欧洲各国情报。

使者会得到一些实用的建议："在海上，要格外小心避免在任何地方遇到波兰人、立陶宛人或者瑞典人，那样才更安全。" 鉴于最近发生的事情，这是毫无疑问的。如果他们到达伦敦，则会收到一份清单，十分详细地列出了要向国王提出的问题。

使者被要求深入钻研詹姆士国王外交政策的目标。他支持谁？在接触谁？地缘政治问题的立场是什么？此外还要向詹姆士陈述俄国过去几年发生的动荡事件：敌国是如何想要"极力重创俄国"和"扰乱莫斯科，制造无谓的流血事件"，还要特别注意波兰的威胁以及"国王西吉斯蒙德的阴谋"。

当然也要谈谈"主权国之间的美好愿景以及国家要为基督教的美好与和平做出哪些贡献"。当然，詹姆士也极有可能"与我们的沙皇陛下保持兄弟般的友谊，联手对抗所有敌人"。这可以看作是身陷困境的统治者为求援助在示好，但同时也表明俄国有能力在符合本国利益的情况下与世界其他国家保持友好往来。米哈伊尔一世是推行该政策的第一人，而这也会在未来成为罗曼诺夫王朝的行事准则。

米哈伊尔一世或许不如后世的罗曼诺夫王朝帝王那般引人注目，而且通常情况下还不能按自己的意愿行事，可如若没有他，罗曼诺夫王朝也无法开启征程。克里姆林宫的天使长大教堂是1331—1686年几乎所有俄国统治者的最后安息之所，所有如雷贯耳的名字都出现在那里，包括米哈伊尔，他当之无愧。热衷于研究罗曼诺夫王朝的人无疑会发现缺少一位沙皇的遗体，那就是鲍里斯·戈杜诺夫。

对抗波雅尔贵族
俄国波雅尔的派系之争

在俄国等级森严的半封建社会中最高贵的是沙皇和大公，其次是波雅尔。波雅尔各派之间的紧张局势容易导致俄国政治混乱，使"动荡年代"的局势变得更加困难和复杂。此外，波雅尔贵族之间的阶级差异促使局势更加恶化。

同样令人困扰的是波雅尔贵族对于他们日益减弱的影响力也逐渐感到不满。伊凡四世开始集中权力，抑制地区自治，导致波雅尔贵族影响力进一步下降，这种情况一直持续到罗曼诺夫王朝早期。尽管政府能力未被削弱，但紧张局势给沙皇带来了许多麻烦，失去对政府要职的垄断地位则令波雅尔贵族深感羞辱。

▲ 17世纪波雅尔贵族肖像画

阿列克谢一世

饱受争议的沙皇

阿列克谢一世的统治正值新旧俄国交替时期,四分五裂的国家笼罩在恐怖气氛之下,而这位沙皇竭尽所能维护罗曼诺夫王朝的统治。

乔恩·赖特 / 文

早期的罗曼诺夫王朝政局动荡不安,1645年米哈伊尔的儿子阿列克谢沙皇带领全国子民直面挑战与机遇。虽早已不是动荡年代,也不再有人趁机冒充皇帝,但局势依旧不太平。

单一刻板的统治方式无法推动历史发展,罗曼诺夫家族的人在必要时既能温和待人,亦能残忍无情。阿列克谢一旦抓住时机便会全力出击,一招制敌,还将许多人关押在克里姆林宫的地牢。某次怒发冲冠的他下令处死权威高于自己的神甫,认为对方是"憎恶上帝和基督的人,是偏执的撒旦,更是该死的敌人"。

但阿列克谢也因平易近人和虔诚而享有美名。他在克里姆林宫中收藏了众多珍贵文物,使这里成为名副其实的宝库。他因常年斋戒祷告而被人们称为"最安静的沙皇"。阿列克谢在位期间既有辉煌的成就,也制造了灾难,他既有优秀的大臣,也有残暴的爪牙。

俄国历史上不断出现的宿敌进犯与地方叛乱依然困扰着阿列克谢的统治,使社会局势日趋紧张。但阿列克谢还是取得了几项重大成就,虽然莫斯科大公国和乌克兰部分地区的合并令波兰立陶宛联邦(它是这个地区的霸主)愤怒不已,但此举极具历史意义。13年的持久战终于落下帷幕,乌克兰以第聂伯河为界分为东西两个部分,分别归波兰-立陶宛联邦和俄国所有。俄国的领土野心令它北部的宿敌瑞典感到不安,而克里米亚鞑靼人为摆脱地缘政治困境向莫斯科发起挑衅,此时波斯萨非王朝也欲联手奥斯曼帝国参与这场争斗。

尽管面临着四周的威胁,但对于俄国的统治者而言形势喜忧参半,因为这显示出俄国正在崛起为一个欧洲强国。无论阿列克谢有何过错,他

▼ 俄国沙皇阿列克谢一世肖像画

都有可能是第一位感受到俄国现代世界强国地位的沙皇。

起义和暴动时有发生。1669年斯捷潘·拉辛（Stepan Razin）率领上万哥萨克人进攻莫斯科，不过很快就被镇压了。阿列克谢的首席大臣们时常激起民怨。在统治初期，阿列克谢十分依赖年长的导师鲍里斯·莫罗佐夫的辅佐。

莫罗佐夫全权负责教导阿列克谢——从务实技能到体能训练以及心智锻炼，但是志在改革的莫罗佐夫也想尝尝权力和腐败的甜头，为获取摄政权力他开始拉帮结伙。阿列克谢推行的政策在各省管理中收效颇丰，俄国人民拥护爱戴他的同

▼ 尽管痴迷宗教，但阿列克谢也迷恋人间烟火。图为他在骑马

困惑的牧首

谁是尼康？

17世纪的俄国人无法忘记尼康这个名字。农民出身的他从神甫开始步步升迁，1652年成为全俄正教大牧首。他强烈提倡改革，希望俄罗斯正教能够向希腊正教看齐。他无法容忍反对派，曾经派遣士兵搜查自己憎恶的圣像，还挖出收藏圣像者的眼睛。一些神秘晦涩的的问题变得至关重要，比如画十字的手势究竟是两个还是三个手指。这样的事情在当时意义重大，也导致俄国的信徒出现了严重的分裂。最开始尼康是阿列克谢的信臣，但神职人员如此积极地参与国事实在令人厌烦。1666年的大莫斯科会议虽采用了尼康的神学理念，可他还是被贬为了修道士。

▲ 剥夺尼康的圣衣

时越来越讨厌莫罗佐夫。

1648年莫罗佐夫强制增加盐税从而引起暴乱，成为俄国历史上难以磨灭的恐怖事件。抗议者横扫莫斯科，并攻入了克里姆林宫，数以万计的房屋付之一炬。

不难发现，莫罗佐夫想偷偷占领权力制高点，并厚颜无耻地插手阿列克谢的婚姻。1647年他安排至少200人参加传统的新娘选秀仪式，但他不允许阿列克谢自由决定。换言之他一手策划了沙皇的第一段婚姻，最后决定让阿列克谢迎娶莫罗佐夫亲密盟友的女儿玛丽亚·米洛斯拉夫斯卡娅。两人生育了13个孩子。莫罗佐夫为巩固朝堂地位又娶了玛丽亚的姐姐为妻。

莫罗佐夫利用职权中饱私囊，最后阿列克谢极不情愿地判其流放。之后沙皇的岳父伊利亚·米洛斯拉夫斯基以同样的方式把持朝政，并用铜币替代国库银币的政策导致货币贬值、经济危机以及1662年的铜币暴乱，富商们的家也惨遭袭击。阿列克谢见状称其行为惨无人道，处死了1000人。好在俄国人民始终相信沙皇是无可非议的，一切违法行为都是因为受到邪恶决策的蛊惑。

总而言之，阿列克谢个性优柔寡断，喜欢投入大量人力物力对外宣战，不过他信誉良好，屡屡渡过难关。他继续鼓励西方专家和技术人员前往俄国推动军事现代化，从大陆另一边引进新鲜玩意如音乐盒、精致餐具等，和欧洲各国建立外交关系，派遣远征队探索传说中的东方财富，与乌克兰保持长期友好关系以扩大俄国对世界的影响，他还雇用学者教导孩子学习拉丁语和波兰语。

宗教事务比战争或教育更难处理。阿列克谢在位期间发生多起宗教冲突，导致俄国宗教机构彻底分裂。部分信仰东正教的人想改变传统仪式和惯例，这些人虽然在1666年大莫斯科会议上取得胜利，可与"老信徒"们长期对立的结果致使俄国宗教分裂多年。不过，这并没有对俄国产生影响，教会争论不休，无暇干涉国家事务，反而有助于罗曼诺夫王朝政府独享大权。

阿列克谢在部分领域开展改革，但他却进

▲ 1648年盐税暴乱是威胁阿列克谢统治的众多起义之一

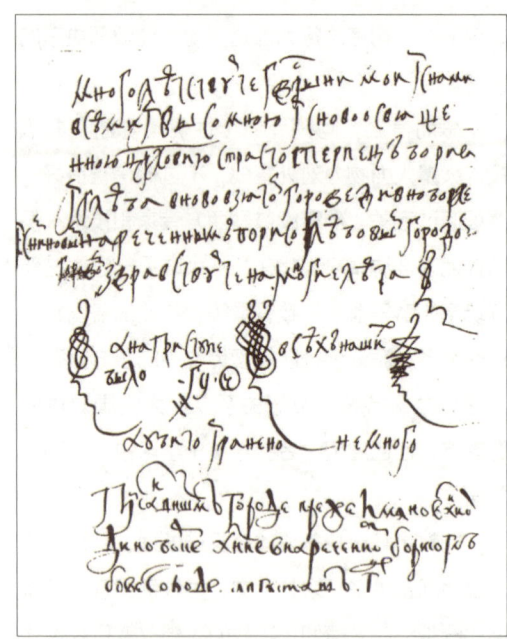

▲ 在这封从里加寄出的信中,阿列克谢安排了政府工作的细节

▲ 阿列克谢在选择新娘

总而言之,阿列克谢个性优柔寡断。

一步加深了俄国的社会分化。缙绅会议制定的新法典加重了80%农奴的生活负担,自此以后,农奴与指定的土地紧紧捆绑在一起,没有明文准许不可离开,一旦出现违法乱纪行为,立刻追查到底。

阿列克谢时期和以前相比属于过渡期。早期做出的决定多少欠考虑,不过他越来越明白如何知人善任。最典型的例子是阿法纳西·奥尔金·纳晓金(Afanasy Ordin Nashchokin),他出身底层贵族,靠才能逐步高升要职。他认为自己是一位外交官(因为他没有参与制定停战协议,所以此种身份没有得到认可)、军人(在1656—1658年俄国与瑞典的战争中表现优异)以及平叛者。

奥尔金·纳晓金不仅是实干家,还是以热衷于外国学术而闻名的思想家。精英阶层瞧不起他,可他政绩良好并深受阿列克谢器重。但罗曼诺夫王朝暗流涌动,他在失宠后被遣送到修道院度过余生。尽管晚景凄凉,可人们认为他更新了俄国政治体系,有助于推动未来的发展。

历史学家认为1645年阿列克谢继承皇位表明"现代俄国"新篇章的开始,至少是迈向发展的转折点。这位沙皇对自己拥有的统治权力深信不疑,而且有信心完成帝王的使命。他精心制作的新宝座上刻有铭文,称其为"莫斯科战无不胜的强大皇帝阿列克谢",他是一位敢于提出不同意见的俄国勇士。

阿列克谢和英国

俄国趁英国忙于内战而逐步发展

千百年来,英俄之间并无往来,但英国在16世纪50年代设立莫斯科公司后,情况便发生了翻天覆地的变化,理查德·钱塞勒这样的商业冒险家前往莫斯科寻找机会。文化交流、外交关系以及经济联系不断加强,使英俄之间建立了特殊的贸易关系。

到了16世纪70年代末,英俄关系都很稳定,虽然鲍里斯·戈杜诺夫非常不喜欢英国,但这并没有妨碍两国贸易稳步向前。然而在英格兰内战爆发后,两国君主之间的情谊超越了经济利益。

1646年,阿列克谢暂停了英国商人的关税特权——因为他确信莫斯科公司支持查理一世的国会敌人。几年后查理一世被处死,俄国驱逐了英国商人,虽然他们还可以出入阿尔汉格尔斯克港。这一事件放在当下完全是一个国际事件。

▲ 查理一世在阿列克谢统治时期被处死一事重创了英国与俄国的关系

费奥多尔三世

开明君主

费奥多尔三世在位时间较短并且国运一波三折，17世纪末期的俄国处于百家争鸣和文化融合的分水岭阶段。

乔恩·赖特 / 文

费奥多尔三世虽然性格内向但统治风格奔放开明，在他的领导下18世纪的俄国大力发扬精英文化。少年沙皇事事依赖顾问大臣们，有时还会受制于他们：先是阿尔塔蒙·马特维耶夫（Artamon Matveyev，因挪用公款和质疑费奥多尔的执政能力而很快惨遭流放），然后是母系家族。

然而年少的费奥多尔聪慧过人，这要归功于一位具有远见卓识的僧侣的教导。西梅翁·波罗茨基（Simeon Polotsky）是推动俄国与西方思想产生碰撞的先行者，任何与俄国启蒙运动有关的资料都会把波罗茨基放在核心位置，尊称他为戏剧家、诗人、优雅的传教士以及拉丁文学翘楚。

费奥多尔的父亲阿列克谢青睐波罗茨基，邀请他来莫斯科做儿子的督学，他发现费奥多尔果然是一位奇才，熟练掌握拉丁语和波兰语以及其他学科。18世纪的俄国虽然小心翼翼，但愿意张开怀抱接纳文化差异。体弱多病的费奥多尔很早便注意到不同的思想潮流，人们在西方城市各个沙龙交流会探讨新潮的哲学和文化思想。

可惜生理缺陷成为费奥多尔统治道路上的障碍，可能是童年时期患坏血病落下的病根导致他面容扭曲且有些残疾。费奥多尔经常卧床不起，就连父亲的葬礼都是靠担架抬过去的，但一位史学家评价他是"一位身体虚弱但思想坚强的王子"。他的宫廷氛围轻快而有活力，明显受到波兰文化、西方服饰和时髦思想的影响。

万事皆有两面，费奥多尔统治时期也不乏冷酷残忍，通常是混乱的外交关系结束后又出现战争，比如刚与波兰达成一致，又与土耳其发生冲突等。但俄国的改革趋势显而易见，规则烦琐且

▼ 没有胡须的费奥多尔三世,这是其现代化倾向的标志

▲ 协助创立希腊拉丁学院的利胡德兄弟纪念碑

十分严酷的刑律比之前放松了，比如只是将小偷遣送到西伯利亚，而不再砍断其双手。

费奥多尔与伊凡·亚济科夫等志同道合的朋友们一起设法精简税收等各个官僚体系，还着手开展大规模领土边界调查。随着时间推移，罗曼诺夫家族根基越发稳固，也有更多的时间处理朝堂政务。

费奥多尔最重要的改革可能是废除"地方优先权"（论资排辈法）体制。自15世纪以来这个体制就决定了人们是政治还是军事出身，就其本质而言是根据世袭的贵族血统加官进爵。在有些场合，这种制度影响甚微，例如在宫廷宴会上获得更好的座次；但在另一些方面，这意味着会出现德不配位或者错过良才的情况。1682年沙皇受瓦西里·戈利岑的影响正式废除了这种古老的等级制度，并采取了焚烧以前珍藏的家谱的象征性措施。虽然法律上已经废除相应条款，但还是有很多波雅尔贵族在此后的几十年内仍然尝试沿袭旧制。

费奥多尔统治期间还多次巩固集权政府，进行军事改革并限制教会参与政治，其中文化成就最为深入人心。最引人注目的是在天成圣像修道院（Zaikonospassky monastery）成立希腊拉丁学院，这意味着乌克兰和俄罗斯联合的趋势达到高潮，有远见的僧侣们带着新奇想法从基辅纷至沓来。

在这所学院中，两位希腊兄弟约阿尼基奥斯和索福洛尼斯·利胡德（Ioannikios and Sophronius Likhud）为学生们开设了7门人文科学以及多种语言课程。利胡德兄弟是贯通17世纪东西欧学术的大师，他们从家乡凯法利尼亚出发四处求学，周游列国（还在帕多瓦一所风景优美的大学就职过一段时间），编纂逻辑、物理以及哲学等各类学科的教科书。尽管如此，由于俄国知识分子圈对他们仍有争议,认为他们过度热衷拉丁语,兄弟俩最终辞去了学院职务。两兄弟最初培养出来的人成为该学院的领导,这些人在很长时期内继续为俄国学术领域添砖加瓦。

但是新思想引起的紧张局势也不容忽视。人们激烈讨论到底是希腊文化还是拉丁文化的影响更重要,而随后文化保守主义出现了迅速反弹的倾向。有人喜欢西方最新的复调音乐,有人抵触排斥;有人如饥似渴地学习最新的西方艺术,也有人拒绝接纳,其实西方艺术为俄国引以为傲的传统圣像画带来了诸多灵感,文化交融产生了更加闪耀的成果。

费奥多尔人生最后几年的生活是喜忧参半的。1680年7月他迎娶阿加菲娅·谢苗诺夫

▲ 阿尔塔蒙·马特维耶夫,费奥多尔的奸臣

过山车般的人生

宦海沉浮

为罗曼诺夫家族效忠实属不易,阿尔塔蒙·马特维耶夫是一个宠辱不惊的人。马特维耶夫是费奥多尔的父亲阿列克谢的好友,也是顾问大臣,在军事、宫廷政治以及外交方面颇有造诣。他是与乌克兰联合最积极的推进者,他对科学的兴趣和闻名于世的丰富藏书显示了他对大千世界的求知欲。可是新沙皇身体羸弱,痊愈希望渺茫,所以马特维耶夫并不看好费奥多尔。他想协助彼得上位,可惜计划失败,暴怒的费奥多尔将他驱逐到寒冷的普斯托泽斯克(Pustozersk)。风水轮流转,彼得大帝即位后立即召马特维耶夫回朝。遗憾的是政敌很快就开始袭击彼得的党羽,马特维耶夫死于某次血腥的暗杀。

▲ 不再风光的马特维耶夫被贬黜到普斯托泽斯克

▲ 焚烧支配俄国人政治地位的家谱

▲ 天成圣像修道院，费奥多尔成立的创新思想基地

▲ 费奥多尔第二任妻子马尔法

费奥多尔立储心切，很快又迎娶了一位新娘。

娜·格鲁舍茨卡娅为妻。据说他在圣枝主日游行期间对她一见倾心，可顾问大臣们不赞成俩人成婚，还按照传统为他选拔出6位最美丽贤惠的女子参加新娘选秀。费奥多尔坚持己见，最后如愿以偿迎娶阿加菲娅。阿加菲娅和丈夫一样接纳先进思想，熟练掌握拉丁语、法语以及波兰语，擅长演奏大键琴，并认为俄国男性应该剃胡子。

剃胡子在当时是一个饱受争议的问题。在俄国，蓄胡须一直是男子气概的重要标志，甚至还有制度明令禁止任何人做出伤害他人胡须的行为，此外神学理论认为没有胡须属于犯罪。

俄国吸收新思想的标志之一是宣传剃胡子，之后彼得大帝及其著名的胡须税更是令人津津乐道，显然阿加菲娅和丈夫是这场运动的早期推动者。费奥多尔的肖像画都是没有胡须的，通常俄国宫廷女眷不可同男士同时出现，她们应当被隔离在不同的地方，可阿加菲娅常与丈夫共同出现在公共场合。

1681年这对夫妇迎来名叫伊利娅的孩子，但几天后阿加菲娅不幸去世，几周后婴儿也夭折了。费奥多尔立储心切，很快又迎娶了马尔法·阿普拉克西娜，可惜此时他自己只有3个月的寿命了。就算生命再延长，饱受生理疾病折磨且权力受制于顾问大臣的他也不太可能成为俄国最伟大的沙皇之一。而且人们认为他的统治只不过是彼得大帝开启新篇章的无声前奏。

在俄国历史的概述中，通常费奥多尔的部分仅能占一段到两段的篇幅，但是他为国家引进新思想和在谨慎推动改革方面做出的重大贡献是不容忽视的。在这些政策中，个人意愿和他人引导的占比各有多少不为人知，但无论怎样结果都是一样的。诚然，费奥多尔有一件事没做好，那就是未能在临终之前指定下一位沙皇，导致他的亲兄弟伊凡和同父异母兄弟彼得之间产生皇位之争，不过很快就有人继位了。

权力走廊

谁会参加缙绅会议？什么是缙绅会议？

▲ 晚期表现缙绅会议讨论现场的绘画

罗曼诺夫家族主要靠垄断权力而逐步兴起，但这也会产生政治失衡问题。16世纪中期以来，缙绅会议对国事产生了一定的影响。其成员来自贵族、神职人员以及第三等级，通常根据沙皇的指令办事，所以回旋余地有限，基本算不上开明的宪政。

在极少数情况下，当沙皇的计划遭到国内反对时，很容易造成政局不稳，就需要缙绅会议从中调解矛盾。据说在罗曼诺夫王朝不稳定的早期，经常被迫召开缙绅会议。

该组织在费奥多尔时期几乎失去了政治地位，近30年都没有召集大会。尽管费奥多尔并未废除这个组织，还会通过它推行部分外交和国内政策，但无可否认的是罗曼诺夫专制主义时代已经到来。

▲ 年少的伊凡五世被推到众人面前,以证明他还活着

彼得一世、伊凡五世以及索菲娅

莫斯科崛起

彼得的夺权之路任重道远，荆棘塞途。

德雷克·威尔逊 / 文

虽然俄国沙皇是专制统治者，但实际上他需要依赖风头正盛的波雅尔贵族，可波雅尔贵族却花费大量时间玩弄权术。另一个有潜在影响力的团体是射击军（streltsy），他们是出身商人阶层的火枪手军团，组成了宫廷卫队。沙皇看重他们的忠心，而忠心也是谈判的筹码。因此有效统治需要权衡所有政治因素。沙皇阿列克谢·米哈伊洛维奇的统治时期从1656年到1676年，长期的统治证明他深谙如何操控政治力量。他的策略之一是提拔亲信担任行政部门最高职位。阿尔塔蒙·马特维耶夫精通行政，擅长外交，也是阿列克谢的贴身侍卫统领，沙皇对此感到很满意。但是随着年龄渐长，他越发担心皇位继承问题。

阿列克谢的妻子生下的孩子中只有三个长大成人，分别是女儿索菲娅和名为费奥多尔和伊凡的两个儿子。儿子们体弱多病，费奥多尔"羸弱且忧郁"，伊凡"驼背且几乎失明"，因此有可能出现统治弱势且敌对派操控朝政的情况。为了生育更好的继承者，阿列克谢再婚，新娘是17岁的纳塔利娅·纳雷什金娜，不属于波雅尔贵族，她很快就生下一位健康的儿子。这位王子出生于1672年，洗礼时取名彼得，长大后的他

身高惊人。他五岁的时候父亲阿列克谢去世。波雅尔贵族的忠心四分五裂，已故沙皇的每个孩子均有拥护者，这导致长达13年的内争外斗和流血冲突。

在阿列克谢统治的最后几年里，马特维耶夫一直全力以赴地支持纳雷什金家族。他利用职权调离已故皇后的亲属米洛斯拉夫斯基家族，派遣他们到远离莫斯科的偏远地区就职。其他位高权重的波雅尔贵族也被解除职务，改由阶层较低的他的亲信担任。随纳塔利娅来到克里姆林宫的亲属自然获得要职，纳塔利娅的父亲也被提升为波

▲ 铸有摄政者索菲娅头像的金币

▲ 在失败的政变后，索菲娅被捕

雅尔贵族。马特维耶夫的对手密切关注着他的一言一行，竭尽所能地阻止他成立"政党"。纳塔利娅卑微的出身及她与马特维耶夫的关系导致很多波雅尔贵族憎恶她，所以纳塔利娅和年幼的彼得时常身陷险境。而且比较保守的贵族对她还要多一层怨恨，他们认为她野心勃勃且"开放"，此外深受外国荼毒：她年少时生活在斯摩棱斯克，当时她在军中任职的父亲经常和受鄙视的波兰天主教教徒来往，使她缺乏其他俄国女性对传统制度的服从和不假思索的尊重。彼得因早年和母亲一起度过艰难岁月而格外亲近，他也受到母亲开放思想的影响。

阿列克谢去世后，这对母子的日子更加艰难。新沙皇费奥多尔的第一批举措之一就是将他母亲的米洛斯拉夫斯基家族成员召回并官复原职，马特维耶夫则被流放到距离莫斯科3000公里、位于荒无人烟的西伯利亚冻土带的普斯托泽斯克，纳塔利娅的家族中举足轻重的人物接到离

为了生育更好的继承者，阿列克谢再婚。

从年少时的打仗游戏到执政后的致命战争

年少的彼得便开始建设现代陆军和海军

▲ 帕特里克·戈登是彼得雇佣的一名苏格兰士兵

十多岁的少年彼得因被索菲娅篡权而一直闷闷不乐，于是他愤然离开压抑的克里姆林宫，远离善于玩弄权术的大人们。他更愿意隐姓埋名，与朋友们一起住在莫斯科郊区普列奥布拉任斯基村。别人眼里的他经常玩军事游戏，其实这些游戏对日后指挥作战非常有帮助。在玩军事游戏的过程中，他组建了自己的军团，普列奥布拉任斯基村和谢苗诺夫斯基地区的年轻人和廷臣子弟们都积极参与。他们按照最新的西方军事理念设计军装、军衔和训练方法，以及自己的兵营和要塞。彼得父亲曾经的臣子、苏格兰士兵帕特里克·戈登有幸担任彼得的军事顾问，他们成立了实质意义上的私人军队，后来这些军团成了战场上的主力。彼得对于现代海军的初步想法也来自年少时的打仗游戏。他找到一艘旧船，在学习驾驶的过程中发现自己喜欢舰艇。这个少年在自己的微型军事国家中拥有权威和资源，俨然一位小军阀，未来他不难成为优秀的军事独裁者。

开国都并实施软禁的命令。1682年费奥多尔去世，他6年的统治告一段落。波雅尔贵族召开会议，讨论是让有精神障碍的伊凡还是健康的弟弟彼得继承皇位，最后他们投票选择了年龄较小的男孩，沙皇母家纳雷什金家族取得胜利。然而，他们忽略了阿列克谢最年长的孩子索菲娅，而她站出来坚决地维护米洛斯拉夫斯基家族至高无上的地位。一位同时期的人评价道："她心思缜密，具有政治头脑，但身形却浑圆矮小。"她下定决心要瓦解纳雷什金家族的权势。

一位常驻外交官描述道："两兄弟之间的猜忌极深。年轻的那位拥有更多的追随者，尤其是贵族支持者，尽管年长的那位给了贵族大量恩惠。他将权力完全交到他姐姐手里……多数人认为年轻的会与年长的分道扬镳，他很容易独自获得统治权。几周前，人们在彼得沙皇的住所发现了一些文字，其中提到公主会掌控政权，哥哥会被赶到修道院。拥护年长者的米洛斯拉夫斯基贵族和其他人惶恐万分，马上开始调查这些文字的来源。"

索菲娅独裁的苗头越发明显，还把自己和沙皇的名字并列写在皇室法令中。目前她能以弟弟伊凡的名义统治，但他的寿数可能不长，要是没有伊凡，索菲娅就要面对彼得的拥护者，成功与否要看她维持稳定权力基础的能力如何。

此时射击军的不满引起政局混乱。他们抗议现在的薪俸和工作环境，很快就将怒气发到纳雷什金家族身上。索菲娅的确可以操控局面，而且已经这样做了。莫斯科愈加紧张，怨气冲天的士兵大摇大摆地在街上游荡，索菲娅有目的地散布谣言，煽动气氛。据说纳雷什金家族的人漫不经心地游走在皇宫中，就像在自己家里一样，甚至有人大不敬地坐在御座上，还有人袭击伊凡。5月15日，愤怒的步兵暴徒出现在宫廷门前，质问伊凡是否安全。纳塔利娅将伊凡和彼得带到他们

▲ 1698年射击军叛乱启发了瓦西里·苏里科夫绘制这一特殊场景

能看见的台阶最高处，但反叛者并不满意。如今他们的领袖要求和波雅尔的领导人开会，讨论他们的种种不满，反抗者要求伊凡成为沙皇并且彻底铲除马特维耶夫-纳雷什金核心集团。这些步兵俨然成了索菲娅和她的亲信瓦西里·戈利岑的暴力武装部队。当马特维耶夫和戈利岑的敌人米哈莱茨·多尔戈鲁基一起出现的时候，紧张的局面一触即发。怒发冲冠的士兵把他们从人群中拖拽出来，拉到台阶下的庭院里，最后他们被暴徒乱刀砍死。

血腥的杀戮持续了三天三夜。士兵们在都城中和郊外横冲直撞，肆意捕杀并草率处决疑似敌人的人。这场叛乱夺去了彼得的亲人，他深深地感受到母亲的恐惧和痛苦。

索菲娅意识到暴乱时间足够长了，她已经利用射击军铲除了纳雷什金家族。之后她提出了一个折中的建议：伊凡和彼得成为共治沙皇，不过他俩成年之前都由索菲娅自己摄政。实现目标的她立即着手解决叛乱的步兵，她召集叛乱者的领袖开会，并在对方抵达的时候下令将其处死。索菲娅终于获得至高无上的权力，披着摄政的外衣掌控俄国长达7年。混乱不堪的1682年成为彼得心里挥之不去的阴霾，就算他长大成人也无法摆脱权力游戏的魔爪。莫斯科郊外的科奎（Kokui）是外交官、商人以及军官居住的地方，彼得多数时间居住在这里。这位青年沙皇很快便意识到俄国现代科学发展十分落后，尤其是在战争方面。离开令人窒息、受传统束缚的莫斯

索菲娅最后的阴谋

前摄政索菲娅人生最后一段血腥悲剧

1689年彼得成为俄国唯一统治者,但该国的基本政治和社会问题尚未解决,所以7年后再次陷入困境,而射击军和索菲娅再一次成为了人们的焦点。沙皇大力改革国内外政策,结果招致教会、军队和波雅尔贵族中传统主义者的联合反对。射击军所有人都认为自己被耍了,他们担心薪俸和工作条件,因为彼得整顿军队并且派外国专家担任指挥官,他们逐渐感到被边缘化的危机。1689年部分反叛者趁彼得出访欧洲之际,与波雅尔贵族、神职人员和索菲娅勾结起来,打算废黜彼得,让索菲娅重新掌权。他们在前往莫斯科的途中被忠于彼得的军队击败,一些反叛者被处决,1845人被捕入狱。彼得认为这远远不够,他匆匆回国亲自调查,结果有几百人死于酷刑,1200人被处死。沙皇还在索菲娅的修道院窗前悬挂几具尸体以示警戒,并将索菲娅单独监禁起来,直到6年后她离开人世。

▶ 一幅描绘被贬黜在修道院中的索菲娅的画作

科,他在这里建立了自己的小朝廷,他建立自己的军队并让他们操练西欧最先进的军事武器。而且他不远千里来到阿尔汉格尔斯克港,亲自视察为偏僻的俄国带来物资的外国大型远洋航船。彼得树立了坚定的决心,要让俄国成为世界大国,能够和西欧国家相提并论。他满脑子的想法和计划对于莫斯科的政府官员来说貌似痴心妄想。其实彼得聪敏异常,他想要掌控大局,还要带领俄国成为世界领先的国家。

索菲娅和戈利岑很高兴看到年轻的沙皇不关心政事。可索菲娅的政治地位并不稳定,权力主要集中在米洛斯拉夫斯基家族、保守的波雅尔贵族、宗教领袖和射击军手中。相反举国精英都欣赏彼得,拥护他的人越来越多,所以索菲娅一派迫切需要残疾的伊凡沙皇结婚生子。虽然那位新娘不愿意嫁给伊凡,可她还是在1689年到1694年与他生育了5个女孩。因为没有年幼的皇位继承人,索菲娅难以继续长期摄政,她变得越来越不得人心。首席顾问戈利岑并非无能之辈,但他在1687年到1689年发动的对克里米亚鞑靼人的战争损失惨重、劳民伤财。1689年彼得结婚,令索菲娅压力倍增。沙皇彼得广受拥戴、精力充沛、子嗣健康,索菲娅感到自己逐渐被边缘化了。由于选择余地越来越小,她终于决定阴谋发

彼得把同父异母的姐姐索菲娅送进了修道院。

动政变。首先，她屡次散布关于彼得和他家庭的谣言，尤其是关于遣散射击军的谣言。

1687年，索菲娅曾试图自己登基成为女沙皇，但没有获得足够的支持。她在1689年8月7日发起最后一搏，索菲娅夜里潜入莫斯科著名的顿斯科伊修道院，下令射击军在附近埋伏，避免她和伊凡沙皇遭受"奸诈的纳雷什金家族"的袭击。火枪手们意见不一，不知道应该听谁的。此时彼得已经就寝，听到消息后立刻从床上蹦起来，还没换衣服就骑马冲出去，在附近小树林找到落脚点。而他的侍从带着衣服紧随其后，换好衣服的彼得骑马全速飞奔到莫斯科西北20公里处的三一修道院。

彼得的母亲、妻子、其他家庭成员以及波雅尔贵族中的拥护者立刻站队支持彼得。青年沙皇命令火枪手到总部集合，而索菲娅则撤销了这些命令，这样的僵局持续了三周。有地位的大人物纷纷支持彼得，但大局尚不明朗。彼得确实很受欢迎，但纳雷什金家族并不受欢迎。几个波雅尔贵族感到皇室很霸道，担心权力交给他们也得不到什么好处。而对国家影响颇深的几位大人物选择静观其变，但十分关注双方的谈判结果。索菲娅派遣信使到三一修道院商讨妥协办法，可彼得选择回避，最后索菲娅离开莫斯科亲自与对手谈判，彼得干脆拒绝与她见面，于是颜面扫地的她不得不折返。至此这位年仅17岁的少年沙皇在人生第一次政治危机中表现出了最强悍的性格特征——倔强。他思维直接，不搞政治阴谋，如果心意已决便会一意孤行。

他的决心得到了回报，越来越多的射击军士兵投靠他，很快，他就有了足够强大的势力，可以命令任何官员誓死效忠自己，摄政的支持者只能选择弃暗投明。戈利岑很快就屈服了，他躲过一死，被剥夺贵族头衔后流放国家最北部，在那里无声无息地去世。索菲娅的另一个亲信费奥多尔·沙克洛维特可就没那么幸运了，他是散布纳雷什金家族谣言的主谋。现在报应来了，纳雷什金家族起诉他密谋诬陷沙皇彼得。索菲娅企图保护她的亲信，但9月7日被迫选择弃卒保车。沙克洛维特被关进三一修道院，严刑拷打4天后终于承认"罪行"，被处以死刑。彼得下令把同父异母的姐姐索菲娅送进修道院，并清除政府中她的余党，7年的宫廷斗争终于结束了。

暴君的形成

彼得早年丰富的人生阅历是其日后成为严酷独裁者的主要原因

一位法国来客如此评价20岁的彼得："他会因亲信参加淘汰制拔河比赛而感到兴奋。冬天他要求最胖的贵族乘雪橇越过表面覆盖着薄雪的冰窟窿，眼睁睁地看着他们掉进去……他最大的乐趣就是看房子着火……。他都是有孩子的人了。"

华兹华斯用诗歌描绘了真实的彼得。彼得童年时代目睹的恐怖景象埋藏在内心深处，一生饱受惶恐不安的折磨，长大成人的他变成乖张暴戾且毫无同情心的人。赢弱的人会成为温和的统治者，但是赢弱的人无法取得彼得大帝的成就。

彼得一世

伟大的改革者

古老的莫斯科在彼得一世的领导下逐步壮大成为俄罗斯帝国。

德雷克·威尔逊 / 文

历史上没有明确记录莫斯科大公国到底是哪一天更名为俄罗斯帝国的。这里原本只是斯拉夫民族在中世纪建立的松散联邦，领土面积从波罗的海延伸到黑海，以莫斯科为中心的莫斯科大公国是这个联邦的一员。伊凡三世和雷帝伊凡四世统治时期，莫斯科大公国不断开疆拓土，获取了俄罗斯的大片领地。凡事有利有弊，尽管沙皇的税收人数和自然资源总量在增加，但管辖边界的扩大势必增加军事成本。虽然俄国一路高歌猛进，可地理位置限制了它的经济发展。俄国必须经过远在最北部的白海才能开展远洋贸易，但这唯一的水路冰封期长达大半年；无论外国如何垂涎俄国的优质产品，俄国却几乎无法出口。

西欧的文艺复兴和宗教改革加速了知识和技术的发展，而俄国的半隔离状态对其十分不利，推行现代化理念的沙皇和其他想要缩短与先进邻国差距的人发现本国处境极度尴尬。传统政治体制保证了君主独断专行的权力和实施新政的自由，但是僵化的保守主义仍然对制定政策时的思维模式影响巨大。沙皇和俄国教会领袖共同治理国家，教会的历史神学和礼拜仪式都来自君士坦丁堡的正教传统，他们视罗马天主教和新教为异端。市民社会是波雅尔贵族掌握的，他们的态度同样保守，没有任何具有企业家精神的中产阶级来支持经济变革。俄国社会以农奴制为基础，农户与土地紧密相连，土地却属于他们的主人。在这个屈服于领主、神甫以及沙皇的社会，几乎没有推动西方社会经济变革的动力。体制僵化、阶级分化以及停滞不前是彼得一世继位时的社会现状。

彼得对现状深恶痛绝，他拒绝莫斯科体制

▼ 1838年保罗·德拉罗什绘制的彼得大帝遗像

阿列克谢的悲剧

彼得忽视儿子的后果很严重

▲ 彼得大帝迫使儿子宣布放弃俄国皇位

彼得在1698年结束第一段婚姻,将前妻叶夫多基娅送到修道院以免她接触8岁的儿子阿列克谢。如果彼得将阿列克谢置于自己的羽翼之下,也许会将他培养成为合格的接班人,然而彼得对这个儿子缺乏感情,将他完全托付给了家庭教师。阿列克谢从小缺乏父爱,非常容易受到保守势力的影响,这些势力希望他登基时能推翻父亲的改革。阿列克谢12岁时,彼得终于有时间为儿子讲述改革的政策和观念,可惜为时已晚。他缺乏父亲充沛的精力和坚定的信念,就算尽力遵循教导,还是经常因懒惰和无能而备受指责。为了俄国的利益,1711年阿列克谢迎娶了德国公主,1715年公主去世后他和情妇私奔前往奥地利。彼得一路跟踪到阿列克谢,他向阿列克谢承诺,如果愿意放弃继承权便可安宁度日。阿列克谢同意了这个条件,彼得却出尔反尔,将他关押起来,还使用严刑逼阿列克谢供出同谋。最后阿列克谢被迫认罪,被判处死刑,但残酷的虐待使阿列克谢瘐死狱中。

核心的那一套,这与他童年时期留下的精神创伤有很大关系。然而,他可以利用这套体制赋予的专制权力来强制推行变革。这位身材高大的共治沙皇乐于将压抑的宫廷和教会仪式交给同父异母的兄弟,而他可以同科奎外国人居住区的西方人或者自己小朝廷中的朋友待在一起,在这里可以任意讽刺克里姆林宫的教条、假惺惺的形式以及神父统治的宫廷。狂欢纵欲的彼得和朋友们多少是在亵渎神明,但是小朝廷并不只是玩乐的场所,他的小朝廷和真正的俄国政府并没有明确的界限。彼得组织的游戏军团日后成为俄国军队的一部分,他的小朝廷也并入了俄国政府,几个和彼得一起寻欢作乐的朋友甚至身居政府要职。这位沙皇从一开始就决定从他喜欢且信任的人中选择官员,就算是外国人都行,而不是来自某社会阶层或者家族中众望所归的人。

彼得鄙视等级制度和繁文缛节,厌恶国家元首必须参加的奢靡浮夸的仪式,他认为君主荣耀和统治国家是两码事。在他的晚年,他建造了与凡尔赛宫匹敌的宏伟宫殿,却还是喜欢住在小木屋里。他从不在自己"假装"的朝廷中摆出国君的样子,反而让他的朋友扮作沙皇,而他则是沙皇的助手,给"长官"写信的时候会签上"大辅祭彼得"。他采用同样的方式解决军事和外交问题,他在陆军和海军中担任低级军官,1697年,他在盛大的欧洲访问中又假扮成一位特使的随从官员。他确实喜欢乔装打扮,但其中还有更重要的目的。

彼得希望可以按照自己的意愿自由游历他国,不必把时间和精力浪费在公务接待、官方宴会和欢迎仪式上。他渴望学习各种技能,其

彼得明白时间有限而任务艰巨。

▲ 在会见法国国王路易十五的时候，彼得无视皇室礼仪抱起小国王

中尤为感兴趣的是木工和驾驶军舰，可是要想学习这些技能必须长期接触木匠或船员。不过，他身材魁梧，举止不同常人，很难说他的隐姓埋名是否有效。彼得比多数人高出一个头，而且喜欢到处走动，无法安静地坐在某个地方，他的眼睛来回扫视，总在嘟囔着什么。然而为了实现他的外交政策，他还是会不遗余力地规避礼仪的要求。

1697年伟大外交之旅耗时很长，是青年沙皇外交实践的一次探险之旅。他途经德意志北部各国、荷兰、英国、奥地利以及波兰，不仅虚心了解欧洲强国的动向，还向他们宣传俄国是这片大陆上重要的一员。此外彼得还故意挖墙脚，一旦发现对自己有用的工匠、军事人才或者造船专家，就会开出极具诱惑力的条件。

在这几个月里，彼得学到了很多东西，他雷厉风行地将其运用到实践中，回国后就开始推行大刀阔斧的改革。他全面改革税收制度，成立国家机构来监督教会法庭以及教堂土地的管理，甚至监控修道士和修女的日常行为，因为虔诚地将一生奉献给教会的俄国人也应该效忠自己的沙皇；在英国一流学者的帮助下，他成立了莫斯科数学与航海学校；他还为有识之士开设印刷厂，印刷了俄国第一份定期出版的报纸。彼得明白时间有限而任务艰巨，所以黎明前就起床工作，睡眠时间极少，比多数官员上班的时间要早几个小时，他还因为官员比自己需要的休息时间还多而经常训斥他们懒惰。

不断涌现新奇想法的彼得督促自己加快改革进程，俄国国民全心全意且毫无怨言地接受改变。根据欧洲时尚的标准，彼得禁止上层阶级穿俄国传统服饰并且提倡剪掉胡须。另一个对举国上下影响颇深的改革是调整历法。俄国本来是按照东正教日历计算年月，以推定的创世时间为历法的起点。他颁布法令效仿新教国家以基督诞生时间为历法的起点，因此7209年被改为公元

1700年，新年第一天从9月1日改为1月1日。改革并非事事成功，但彼得仍然奋勇向前。他是后世另一位伟人亚伯拉罕·林肯座右铭的最佳典范："成功是屡战屡败之后，依旧热情高涨。"

虽然彼得未能说服其他国家帮助俄国长期对抗土耳其，不过却和萨克森、波兰以及丹麦组成了反对瑞典的军事联盟，也就是历史上欧洲各国对战瑞典的大北方战争（1700—1721），获胜的俄国因此获得了波罗的海的统治权。1697年继承瑞典王位的少年卡尔十二世决定一雪前耻。最让政治家意外的是，这位十几岁的国王精通军事战略，而且坚忍不拔的意志不输彼得沙皇。

他们的第一次交锋以彼得的惨败告终。1700年秋，4万名精兵围攻波罗的海港口纳尔瓦，彼得沙皇估计他可以赶在卡尔来援之前拿下此处战略要地，可惜未能实现目标。瑞典国王带领9000精锐士兵前往纳尔

▲ 瑞典国王卡尔十二世

▼ 彼得大帝和随从在伟大外交期间抵达阿姆斯特丹

1709年的波尔塔瓦

丹尼尔·笛福认为这场战役是"乌合之众痛击训练有素的军队"

1709年7月8日,彼得大帝对战卡尔十二世,这场战役将决出谁才是东欧的军事霸主。卡尔是当时公认的天才战略家,他决定直取莫斯科。然而卡尔虽没有败在彼得的高超军事能力上,却败在了种种意外上。卡尔决定在乌克兰休整,度过寒冬,同时在波罗的海的里加港等待另一支军队前来会合。结果,1709年的严冬令人不堪忍受,远离家乡的瑞典人饥寒交迫,身患冻疮,损失了5000人到8000人。彼得军队也出现同样的情况,不过他们补给充足,可保过冬无虞。卡尔在春天收到了援军延迟抵达的消息,此时彼得派遣40000名士兵驻扎波尔塔瓦镇附近,抵御25000名瑞典兵的进攻。最后在一次小规模战斗中,卡尔不幸中枪而无法上阵领军。当瑞典人竭尽全力攻打堡垒时,彼得就在一旁以逸待劳,几个小时之后才派军队上战场。瑞典军队伤亡和被俘者占总人数的2/5,卡尔逃回国内,至此瑞典无缘称霸波罗的海,而俄国巩固了欧洲强国的地位。

▲ 尼古拉斯·拉梅辛描绘的战场

瓦,碾压杂乱无章的俄国军队。卡尔将彼得哭着逃离战场的样子刻在徽章上,这一举动无疑是在沙皇伤口上撒盐。但这次轻敌的卡尔没有乘胜追击深入俄国领土,而是将注意力转向了其他联盟成员。彼得趁机重整军队,最关键的是招募了更多士兵。大量的农奴是俄国的主要军事资源,沙皇总能征募到成千上万的新士兵弥补战场上的损失,所以沙皇完全无视士兵的痛苦,他评论道:"瑞典人还会在很长一段时间内继续压制我们,但是他们终将教会我们如何反击。"1704年8月,彼得带领进步神速的军队再次进攻纳尔瓦,这次驻军被迫投降。

但这还不是彼得最大的胜利。就在15个月前,彼得占领了波罗的海东端的小岛要塞耐恩尚茨(Nyenschantz)。这片荒凉沼泽地极具战略意义,他开始在此建设新城市和港口,这个城市将来会被称作圣彼得堡。

彼得是不世出的英雄人物,具有实现其意志的强大力量,而这也意味着他的冷酷无情,每一场胜仗和每一座伟大建筑的代价都是成千上万条性命。为实现他的宏图伟业,彼得不惜征收重税,克扣铸币价值,进而导致通货膨胀。制造陆军和海军的枪支炮弹推动了采矿和金属加工工业的发展,但在这些工业充分发展起来之前,彼得下令熔化教堂的钟以解燃眉之急。总而言之,对任何历史时期的评价,均需要将其成就和代价综合考量。

无论处理公务还是应对个人生活,彼得沙皇向来冲动且专断。他17岁时和叶夫多基娅·洛普欣娜成婚,可这位姑娘除了美貌一无是处,无法与彼得共同进步,阿列克谢是俩人唯一长大成人的儿子。1698年彼得因婚姻乏味而选择离婚,并将前妻打发到修道院。第二段婚姻完全不一样。1702年俄国军队围攻立陶宛马林堡(Marienburg),数百名被俘平民中有一位名叫玛尔塔·斯科夫龙斯卡娅的18岁女仆。玛尔塔外貌可人,性格却极其坚韧,彼得对她一见钟情,她不久便成为彼得长期的亲密伴侣。玛尔塔

▲ 英国宫廷画师戈弗雷·内勒爵士绘制的彼得大帝肖像画

彼得的信臣

身居高位却常常犯错的沙皇宠臣

彼得众多信臣中有两位值得我们了解。一位是帕特里克·戈登，另一位是亚历山大·缅希科夫。苏格兰天主教教徒帕特里克·戈登将军属于保皇党，克伦威尔上台后便离开英国成为一名雇佣兵。他在1660年成为效力俄国军队的苏格兰人，阿列克谢沙皇重视戈登，经过屡次提拔后，他成为俄国唯一一位外国将军。1689年发生索菲娅夺权危机，戈登迅速扭转局面并在危急关头拯救了彼得。他和彼得亲密无间，彼得前往欧洲开展外交之旅时，便留下戈登掌管莫斯科，与此同时戈登成功镇压了1698年的起义。第二年戈登去世，彼得要求按照完整的天主教仪式为他举行葬礼。

擅长自吹自擂的亚历山大·缅希科夫是一位出身低微的莫斯科人，是沙皇早年在普列奥布拉任斯基的游戏军团成员，也是早期军事活动的参与者。缅希科夫因为战功显赫而平步青云，但巩固他与沙皇情谊的利器是他将权力"传给"了沙皇情妇玛尔塔·斯科夫龙斯卡娅。彼得为这位朋友加官进爵，大方地赏赐封地，可缅希科夫却贪赃枉法。沙皇去世后，他竭尽所能地将权力转移给彼得的遗孀，同时也是自己的密友——叶卡捷琳娜一世。

陪他参加酒宴、奔赴战场，缓和他与外界的关系，也是唯一能让他平息怒火的人，还多次救下惹怒沙皇的大臣。他们能长久维持亲密关系最重要的原因是玛尔塔能够理解彼得对平淡生活的热爱。

建造圣彼得堡时，彼得和玛尔塔一起住在小木屋里，玛尔塔就像是一位普通的家庭主妇，而彼得在旁照料花园。1705年玛尔塔皈依东正教，洗礼名为叶卡捷琳娜。因为多数俄国人无法接受彼得与叶夫多基娅离婚，也无法接受沙皇迎娶外国农民，坊间传言两人在两年后秘密举办了婚礼，而他们的正式婚礼在1712年才正式举行。早些年叶卡捷琳娜几乎年年怀孕生产，可是只有安娜和伊丽莎白两个孩子长大成人。1724年，叶卡捷琳娜成为彼得的共治者。

彼得推举叶卡捷琳娜成为共治沙皇是为了应对继承的不确定性，而这个问题的始作俑者就是沙皇自己。彼得抛弃的原配妻子的独子阿列克谢皇储一直仇视自己的父亲，而意图恢复旧制的俄国政治集团蠢蠢欲动，试图利用皇储反对彼得改革。彼得认为儿子背后密谋推翻自己，下令将其逮捕，最后阿列克谢于1718年死于狱中。阿列克谢之后可能的继任者有：彼得的妻子；自己的两个女儿安娜和伊丽莎白；彼得同父异母的哥哥伊万五世的两个女儿叶卡捷琳娜和安娜；两个都叫彼得的孙子，一个是被废的阿列克谢的儿子，

彼得是不世出的英雄人物。

另一个是沙皇姐姐的儿子。根据1722年通过的一项法律，彼得大帝有权指定谁来继位，可是他从未说出是谁。1725年彼得去世后，谁也不知道俄国将何去何从，是沿袭旧制还是会出现站在巨人肩膀上继续向前的新统治者？

在后世看来，彼得大帝有哪些成就呢？他彻底改变了俄国的方方面面——陆军、海军、国际贸易、政府机构、工业、历法、货币制度、书面语言、着装习惯以及教育体制，更不用说还建造了欧洲最美丽的城市之一圣彼得堡。对彼得的评价一直是个有争议的话题。有人认为他是最邪恶的暴君，有人认为他是亲切且仁慈的独裁者；有人认为他是国家的救世主，有人认为他和早期压榨老百姓的霸主无异；有人称赞他带领国家成为强者，有人谴责他是俄国的叛徒。总之，彼得大帝无疑是旷世罕有的统治者之一，改变了他的国家，改变了他生活的时代，他是书写历史的划时代人物。

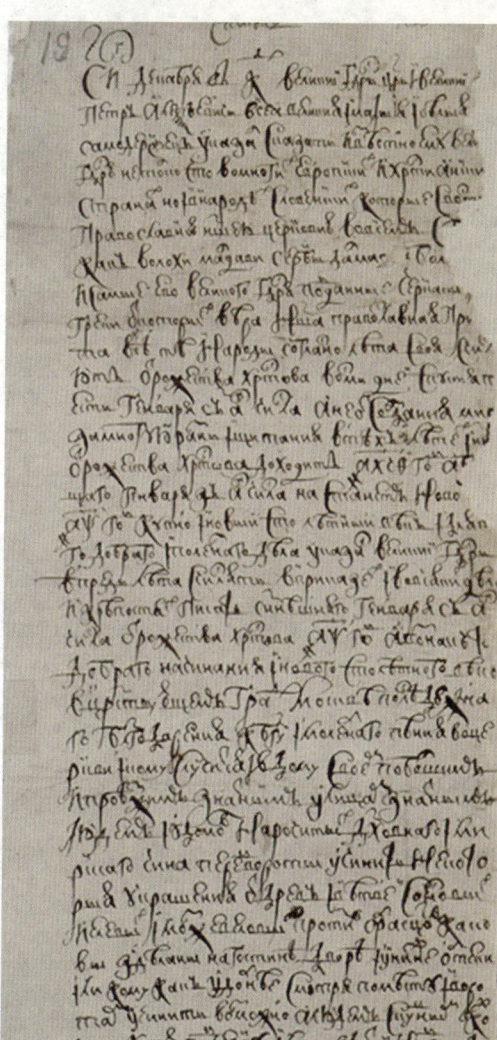
▲ 彼得大帝效仿新教国家推行新历法的法令

▲ 彼得大帝第一任妻子叶夫多基娅·洛普欣娜

▲ 描绘彼得大帝要求剃胡子的木版画

圣彼得堡

白骨之城

一将功成万骨枯，筑就欧洲最美丽的城市。

德雷克·威尔逊 / 文

▲ 1838年建造圣彼得堡的一幕，阿列克谢·加夫里洛维奇·韦涅齐阿诺夫绘制

他还成立了自己的仿真小朝廷 —— 集癫狂、醉酒、不正经于一体的聚会。

"北方威尼斯"圣彼得堡是一座美轮美奂的城市,这里有华丽的建筑、宽阔的街道、架有优雅桥梁的运河、神圣的大教堂、海军兵工厂、无与伦比的博物馆和剧院、矗立着古典雕像的公园以及视野开阔的海湾,涅瓦河就从这里注入波罗的海。今人难以想象它300多年前的样子:一个遍布沼泽和森林的岛屿,岛上只有一些简陋的茅屋。沧海桑田般的巨变和彼得息息相关。

彼得·阿列克谢耶维奇是罗曼诺夫王朝阿列克谢沙皇和第二任妻子纳塔利娅·纳雷什金娜所生的独子。彼得3岁时父亲去世,他同父异母(阿列克谢上一段婚姻所生)的长兄费奥多尔继位,新沙皇虽然身体残疾,但是博学多才、思想开明。彼得的家族庞大,他继位沙皇的胜算并不大。1682年费奥多尔去世但没有留下子嗣,罗曼诺夫家族兄弟阋墙,最后两位皇子中较小的彼得继位成为沙皇。

彼得身体健康、精力充沛,而伊凡身心重度残疾,显然彼得是多数人的必然选择。可是阿列克谢沙皇的第一任妻子的米洛斯拉夫斯基家族并不打算放弃权力,还密谋协助伊凡上位。

他们煽动射击军起兵叛乱,暴力杀戮后双方达成协议:伊凡和彼得共同执政,但是伊凡25岁的姐姐索菲娅要把控实权。索菲娅知道伊凡时日无多,因此暂时妥协,她需要投入大量的精力和时间防止彼得及其母家纳雷什金家族动摇自己

▲ 19世纪绘画中描绘的彼得盛怒瞬间

▲ 建造自己的"天堂"的同时，彼得战胜瑞典国王卡尔十二世，赢得了波尔塔瓦战役

的权威。索菲娅安排伊凡结婚，希望能生下一位男性继承人，然而只生下了女儿。1689年，索菲娅再次利用射击军发动政变，她试图逮捕彼得及其母亲，但没有成功，索菲娅及其党羽的势力也被粉碎。她孤注一掷的行动失败后被关进修道院，而彼得成了唯一手握实权的人，他在1691年伊凡去世后成为法律认可的唯一统治者。

彼得是一位"大人物"，身高2米多的他强壮有力且精力充沛，很少进出充斥着神甫制定的烦琐礼仪的克里姆林宫。事实上他还成立了自己的仿真小朝廷——集癫狂、醉酒、不正经于一体的聚会，彼得在这里花天酒地，纵情声色，寻欢作乐。不过恣意纵欲只是一方面，彼得在这里尽情满足他强烈的好奇心，他愿意全神贯注地钻研所有感兴趣的事物。彼得认真研习如木工、金工、造船以及军事战术等各种实用技能，人们发现他经常和科奎的外国人在一起。

科奎是莫斯科的外国人居住区，俄国要求与政府有往来的西方商人、外交官以及军事顾问必须住在这里。俄国历来自视清高，不与西方国家接触，可是这位青年沙皇深知，掌握瑞典、德国、荷兰、法国以及英国发明的新技术会推动国家未来的发展。他想了解如何建造远洋船舶（俄国没有良港），开展国际贸易，进行军事训练，他甚至效仿西方的着装风格。正是在和西方人交往的过程中，他产生了一个新想法——不断壮大的俄国要成为世界舞台上的重要角色。

彼得时期的俄国是全世界最广袤的陆地帝国，北至白海，南到里海，西边延伸到波兰，东至1万公里外的白令海。虽然地图上的俄国幅员辽阔，但是海洋运输线路的匮乏严重限制了俄国的权力和财富的扩张。瑞典控制着波罗的海，奥

▲ 匿名画家绘制的彼得大帝肖像画

▲ 索菲娅·阿列克谢耶芙娜协助弟弟处理政事，19世纪无名画家绘制

斯曼土耳其人拦截了通往黑海和地中海的道路，相距甚远的太平洋海岸冰封期过长。然而，彼得决心打破地理环境的重重阻碍。一旦本国政局稳定，彼得便开始游历西方各个国家。

1697年3月，彼得的欧洲出访之旅开始了。彼得有两个主要目的——亲自领教西方国家的先进技术，以及向各国统治者宣传，俄国是欧洲对奥斯曼帝国的长期斗争中必不可少的盟友。尽地主之谊招待俄国使团的当地人对第聂伯河以东的土地和人民知之甚少，他们对沙皇非常好奇，而彼得也确实令他们印象深刻。彼得的大臣们不像西方国家的大臣那样彬彬有礼、行止有度，也没有得到他们期待中对皇家官员的尊敬，不过俄国人的酒量令西方人吃了一惊。西方人发现沙皇对打猎没有兴趣，此外沙皇在舞池中十分笨拙，因此不知如何招待好他；不过沙皇倒是格外喜欢酒宴和焰火表演。

彼得最想见识的是航海国家配备枪炮的远洋战舰和商船。他的第一站是里加船坞，瑞典人因为他记录最新军舰的具体情况而表示强烈不满。而荷兰执政奥兰治的威廉（和玛丽二世共同统治英国）热烈欢迎他的来访，彼得在阿姆斯特丹停留了4个半月，多数时间在荷兰东印度公司的船厂当木匠。1698年1月，他没有带全部随行人员，而是只和几个关系亲密的同伴一起前往英国。抵达英国首都后，彼得选择到处走走，拒绝乘坐马车，不过当地人看见鹤立鸡群的他难免指指点点。彼得又一次逃离了为他举办的盛大娱乐活动，他还是想多花点时间了解德特福德的海军造船厂。

英国人安排沙皇入住伦敦乡间的塞耶斯大宅，这里是日记作家约翰·伊夫林的家。伊夫林特别喜欢这里，尤其钟爱别墅花园；招待皇室客人令他感到无比自豪，还将房子重新装修了一番，不过很快他就高兴不起来了。彼得在德特福德工作，还和监工交流技术问题，研究他们的造船计划，并学习了基本的建造原理。国王威廉三世赠送给他一艘崭新而优雅的皇家航船，他骄傲地驾驶着它在河里试航。3月，彼得参观了英国重要军港朴次茅斯，游客们大饱眼福并参与了模拟作战，亲眼见证骁勇善战的士兵参加军事演习。彼得不仅带回这些重要信息，还积极从外国挖人，一旦发现有用之才就说服对方为己所用。结果沙皇为自己的海军、船厂以及学院招募了上百位船长、海军上尉、工程师、数学家以及工匠，他们为俄国培养了众多优秀人才。

不仅如此，这位沙皇还有很多对东道主不礼貌的行为，他和同伴们肆意破坏塞耶斯大宅。俄国人走后，伊夫林发现这帮人在狂欢和酗酒时几乎把房子变成了一片废墟：家具被砸坏，绘画被撕碎，窗户被打破，窗帘被扯烂，他心爱的花园更是惨不忍睹。幸运的是，政府答应赔偿伊夫林所有的损失，因为威廉明白俄国沙皇决心插手欧洲政局，彼得会成为英国对抗法国的持久战中的可靠盟友。

回到莫斯科后，彼得着手改造俄国社会。他废除旧历法，与西方保持一致；他命令除了神甫和农民，所有人都要穿西方服饰；他改革政府的管理机制和法律体系；他还创立了第一份定期印刷的报纸。他最重要的举措是建立常备陆军和海军。在彼得看来，军事征服是新俄国的基础，而首当其冲的敌人就是瑞典。

彼得认为，现在正是挑战强大的波罗的海帝国的大好时机：1697年卡尔十一世去世，继位的卡尔十二世只是个14岁的小孩。然而，卡尔十二世和俄国沙皇一样无情、专制且喜欢冒

▼ 建造圣彼得堡的一幕，20世纪中叶绘制

彼得大帝的小木屋

这是彼得大帝在 1703 年到 1708 年居住的小木屋，是士兵们仅用三天时间搭建起来的，彼得在这里监督彼得保罗要塞的建设。彼得从他的欧洲之旅中获得了灵感，这座木屋的窗户高敞，屋顶还铺有瓷砖。小木屋最初完全是用木头搭建的，1723 年彼得要求在原建筑外围修建砖墙，将建筑保护起来，以供后世瞻仰。叶卡捷琳娜大帝和尼古拉二世在位时翻新并升级了外部结构。这是圣彼得堡最宝贵的建筑之一，第二次世界大战期间被用木板封住并伪装起来，战后作为博物馆重新对外开放。

彼得保罗要塞

多梅尼科·特雷齐尼设计了彼得保罗要塞和夏宫，前者是圣彼得堡建城时期最重要的建筑。彼得保罗要塞是大北方战争白热化时期为抵御瑞典军队而建造的，一开始它同其他建筑一样都是木制结构，1706 年翻修为石砌建筑。大北方战役结束后，这里便用来关押政治犯，成为压迫和恐怖的象征。不过这座监狱远没有人们想象的那么恐怖，最多只能关押 100 名囚犯。如今这里用来安葬除伊凡六世和彼得二世以外的所有沙皇，在要塞中心矗立着 1712 年建成的彼得保罗大教堂。

夏宫

朴实无华的夏宫与彼得大帝在欧洲游历期间看到的富丽堂皇的欧洲花园形成鲜明对照。这座建筑最初是使用木材建造的，1910 年用石材重建，自 1914 年起成为俄国皇室的夏季居所。夏宫建筑设施在当时非常先进，配备了自来水和下水道系统。

险——在军事战略方面甚至略胜一筹，瑞典获得大北方战争首次战役的胜利。危难时刻的彼得并不悲观，因为他相信俄国有两个优势，一是人口众多，二是不宜居住的广袤领土。他推断卡尔无法赢得最后的胜利，因此信心满满地全力打造他的军事力量。1703年5月彼得首次成功攻下了涅瓦河河口一座瑞典小要塞，从军事角度来看，这个胜利似乎微不足道，但它的意义却非常深远。

如果能长期占有芬兰湾边缘这片河口泥滩和沼泽岛屿的话，彼得便可以建造海军基地和港口，新的远洋舰队可以自由出入波罗的海，甚至到达全世界。彼得能够在脑海中清晰地勾勒出这一切，可于他人而言却无异于天方夜谭。实用主义一直都不是天马行空的绊脚石，彼得很快就划定了新基地的位置。他让工程师和建筑师起草方案，很快人们就发现，彼得要建造的绝非军事前哨，这分明是要建造一座城市。

这个已经被命名为圣彼得堡的城市必须有一个能够容纳数十艘船只的港口以及为其服务的基础设施，不仅如此，它还应该有足够的地位。圣彼得堡将是大多数外国访客来到彼得帝国的第一站，彼得希望它比欧洲其他任何城市都好。阿姆斯特丹的繁华令他魂牵梦萦，如果荷兰人能在湿气厚重、洪水频发的地方兴建一座海滨首都，那他也能做到。

彼得在信中认定这里是"天堂"。这座新城市伸向大海，这正是他所深爱的，无论是心理上还是地理上，他终于可以远离深恶痛绝的莫斯科了。彼得一有时间就过去查看工程进展，还要求士兵搭建一座小木屋，他在那里可以指挥工程。即便是不在当地的时候，彼得也会和工程师、建筑师以及施工队用书信保持联系；他的指挥事无巨细，甚至亲自过问外墙涂料的类型。

建造城市需要人，也需要有人住在那里。对于俄国专制统治者来说前者不是问题，只要命令一出就有源源不断的劳动力。每年夏天都有农奴被送到这里，每次3万到4万人，人数随瑞典战犯增加而不断上升。没有人知道多少人丧命在这片湿冷的沼泽地，有人估计，建造圣彼得堡至少牺牲了10万名劳工，很长一段时间内人们都称这里是"白骨之城"。政府和公共建筑竣工后，彼得就将宫廷和行政办公人员从莫斯科搬迁到这里。彼得命令他们在这里建造坚固的住宅，并将家人也带过来居住，但他们对此十分抵触："各种食物通常要贵三四倍，而马匹的饲料等物资要比莫

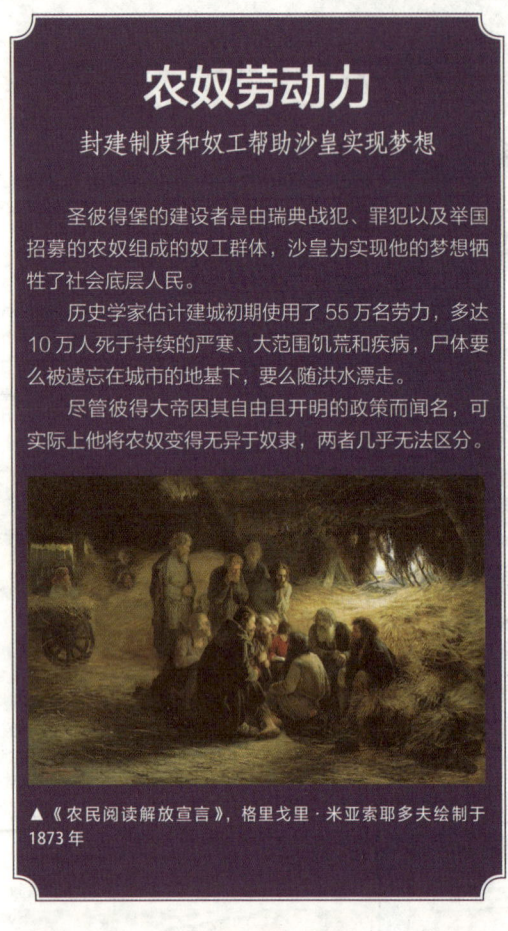

农奴劳动力

封建制度和奴工帮助沙皇实现梦想

圣彼得堡的建设者是由瑞典战犯、罪犯以及举国招募的农奴组成的奴工群体，沙皇为实现他的梦想牺牲了社会底层人民。

历史学家估计建城初期使用了55万名劳力，多达10万人死于持续的严寒、大范围饥荒和疾病，尸体要么被遗忘在城市的地基下，要么随洪水漂走。

尽管彼得大帝因其自由且开明的政策而闻名，可实际上他将农奴变得无异于奴隶，两者几乎无法区分。

▲《农民阅读解放宣言》，格里戈里·米亚索耶多夫绘制于1873年

有人估计，建造圣彼得堡至少牺牲了10万名劳工。

▲ 一幅描绘彼得大帝开始兴建"天堂"城的版画，彼得罗·安东尼奥·诺韦利作品

斯科贵六倍到八倍，因为这个地区物产匮乏，超过2/3的土地都是森林和沼泽。"

如果让搬迁过来的新居民自行设计房屋的话，可能迁都进程会更加顺利。然而城市规划大师彼得在这座城市中设计了宽阔的街道、广场、公园、教堂和桥梁，还要求统一市内住宅的风格。建造天堂需要大量的人力和财力，但同时彼得还在打一场大北方战争。精力充沛、才华横溢的卡尔十二世集中力量对抗波罗的海边境地区的敌人，起初他认为可以轻易战胜野蛮的俄国统治者。彼得怂恿和支持他的反瑞典盟友，自己则保存实力，为最终的决战做准备。

这场战争发生在1708年至1709年。卡尔决定率领35000名士兵大举进攻莫斯科，并安排驻扎在波罗的海滨里加的将军亚当·勒文豪普特（Adam Löwenhaupt）带领12500名士兵增援。1708年秋卡尔抵达贝尔齐纳河畔的莫吉廖夫，援军迟迟未到，而他的士兵已经疲惫不堪。

这位国王决定推迟进攻莫斯科，南下乌克兰和哥萨克叛军一起过冬。然而彼得先人一步，派遣一支军队前往乌克兰镇压叛军，然后亲自带领另一支部队迎战勒文豪普特。瑞典人难以忘记这个酷寒的冬天，勒文豪普特的战败使瑞典人断了补给，冻伤和饥饿吞噬了卡尔一半的军队。尽管如此，卡尔相信在一场激战中，他仍然能够力克对手。最后的战斗发生在1709年6月27日的波尔塔瓦。卡尔带领纪律严明的军队浴血奋战了一上午，跌宕起伏的命运令人不胜唏嘘，他们最终败给了人数占优势的沙皇军队，沙皇从他们那里学会了打败他们的方法。

彼得的生命还有最后15年，在这些年里，他的情绪越发躁动不安，计划也越发大胆激进，部分想法注定无法实现。无论我们认为彼得一世是残酷的暴君，还是杰出的创新者，抑或是一个未解之谜，我们都无法否认他的称号——彼得大帝。

叶卡捷琳娜一世

从农奴到君主

一个立陶宛农家孤女如何跃身成为女皇?

格雷格·金 / 文

俄国第一位独立女性统治者的人生就像她所统治的俄国领土一样复杂多变。叶卡捷琳娜女皇一世是彼得大帝的配偶,她不记得自己波兰立陶宛联邦的农民父母,甚至也不知道自己何时出生,尽管据她推测可能是1684年4月。叶卡捷琳娜原名玛尔塔·海伦娜·斯科夫龙斯卡娅,出生在立陶宛和俄罗斯的边界附近,3岁时便成为孤儿。亲戚们把这个小女孩送到马林堡,安排在路德教会牧师约翰·恩斯特·格吕克家中做盥洗女仆,身为女仆的她从未接受过任何教育,是个文盲。

玛尔塔从小女孩出落成丰满的少女,格吕克一家人担心她迷人的外貌可能会破坏家庭,所以强迫17岁的她嫁给瑞典龙骑兵约翰·拉伯,在瑞典与俄国漫长的大北方战争中,这名骑兵和战友们驻守在马林堡。这场婚姻仅持续了8天,俄国人便占领了城池,拉伯和他的军团逃跑,他的新娘也被遗弃了。俄国人发现金发碧眼、丰乳肥臀的玛尔塔后,仅用一条毯子匆匆把她裹起来,几乎赤裸地把她拖入军营。她被当作战利品从一个士兵的床上转到指挥官陆军元帅鲍里斯·舍列梅捷夫的床上,这位指挥官最终把她带回了莫斯科。

在莫斯科,玛尔塔首先引起了亚历山大·缅希科夫公爵的注意。公爵英俊、迷人、机智,对女性美很有眼光。据说他用1卢布从舍列梅捷夫手中买走玛尔塔,他当时也许就是把她当作性消遣玩物买来,但可能不是为了他自己,而是为其密友彼得沙皇找漂亮的女人做床伴。在缅希科夫公爵家中,彼得一下子被玛尔塔迷住了,这不仅是因为她的美貌,玛尔塔直率的举止和欢快的笑声对思维活跃的沙皇更具吸引力,很快她就成为

▼ 俄国女皇叶卡捷琳娜一世，让-马克·纳捷 1717 年绘制

女皇加冕

为罗曼诺夫王朝设立标准的加冕仪式

▲ 叶卡捷琳娜一世加冕肖像画

1724年5月，叶卡捷琳娜成为俄国历史上第一位加冕统治身份的女性，彼得大帝此举强调了他对西方文化的接纳。虽然典礼在莫斯科圣母升天大教堂举行，但并没有按照传统方式进行加冕。皇后身穿法国风格的礼服，披着镶嵌珍珠的金色斗篷跪在彼得大帝面前。

按照惯例应该由东正教大牧首为君主加冕，表示君权神授。但彼得亲自为妻子戴上了镶嵌2000多颗钻石、珍珠以及红宝石的皇冠。这一举动的目的十分明确——君主不需要教会的认可，他们的神圣权力是与生俱来的，彼得之后的沙皇都如此加冕。

这次加冕仪式也为之后的加冕确定了标准模式，直到1896年之前都是如此：烟火表演、军事检阅、盛大的游行和宴会都是为了衬托皇权的威严，并强调罗曼诺夫家族和他们的臣民之间的联系。

彼得的情妇。

1703年彼得在芬兰湾建立他的新城——圣彼得堡，并把它定为俄国的新首都。玛尔塔与他同住在简陋的三室小木屋里，为他烤面包，做泡菜，洗衣服和打扫房屋，彼得爱她也感激她。彼得的智慧和勃勃雄心她比不上，但她能够给予他同情和关怀。玛尔塔是唯一在他癫痫发作时能使他平静下来的人，她会抱着他并抚摸他的头直到危机过去，她也是少有的能与他推杯换盏的女人。

1705年玛尔塔皈依俄罗斯东正教，取名叶卡捷琳娜·阿列克谢耶芙娜。据说彼得为了报答她，选择在1707年秋天的某个时候与她秘密结婚，如果真有此事，那么这个结合属于重婚，因为彼得还有隐居在莫斯科的原配妻子叶夫多基娅·洛普欣娜。此后，叶卡捷琳娜和彼得共生育了12个孩子。然而，除了1708年出生的安娜和次年出生的伊丽莎白，其他的孩子在婴儿期或稍大些时都夭折了。

对于彼得来说，叶卡捷琳娜是"母亲"，或"卡特里努什卡"，尽管彼得会给她数不胜数的金银珠宝，可她从不觊觎权力或者索要礼物。他甚至无法离开她，所以经常带她随军征战。在一次向南远征中，俄国军队发现他们被奥斯曼土耳其军队包围，可以说是她的出现挽救了彼得的生命。当时人多势众的土耳其士兵正准备猛扑过来，叶卡捷琳娜立刻心生一计：她摘下珠宝，派人把珠宝送给奥斯曼土耳其军队指挥官，要求以这无价之宝交换军队的暂时撤离。这次贿赂奏效了，指挥官收下珠宝，俄国人得以逃脱此劫。

彼得很欣赏她的这种狡黠之智。1711年他最终与叶夫多基娅离婚，在1712年2月与叶卡捷琳娜在圣彼得堡正式结婚，这位孤女从此变成俄国皇后。彼得也承认他们的两个女儿安娜和伊丽莎白为合法的皇室公主，不过这个重组的家庭与

彼得和叶卡捷琳娜在荷兰

▲ 叶卡捷琳娜说服彼得同意她把她的珠宝献给土耳其军队

彼得初婚时留下的独子阿列克谢王储相处得并不融洽。保守且胆小的阿列克谢最终走向图谋不轨之路，1718年彼得把他的儿子阿列克谢折磨至死后，他便没有了男性继承人。

1721年，在对瑞典的大北方战争取得胜利的庆功宴上，彼得宣告他的国家为俄罗斯帝国，而且改称自己为皇帝，这意味着叶卡捷琳娜成为俄罗斯帝国第一任皇后。1724年，彼得携叶卡捷琳娜来到莫斯科，并为她举行了融合西方与东正教习俗的加冕仪式，他任命叶卡捷琳娜为其共治者，并在遗嘱中声明她是自己的继任者。

但是，叶卡捷琳娜表面上的成功是很脆弱的。1720年，彼得另获新欢——摩尔达维亚的玛丽亚·坎泰米尔公主，两年后同是贵族的两人生下一个儿子。彼得需要一位男性继承人，如果他与叶卡捷琳娜离婚，便可以与玛丽亚结婚并赋予他们的孩子合法地位，正如之前的安娜和伊丽莎白一样，如此便可以把他的帝国传给一位男性

最高枢密院

讽刺的是,叶卡捷琳娜对俄国最重要的贡献恰恰损害了彼得大帝的改革措施

大多数情形下叶卡捷琳娜按照彼得大帝提出的计划行事,谨慎地沿袭那些改革措施。这些改革包括设立主教公会、帝国参议院和十二学院,后者专门为每个政府部门提供人才。彼得希望通过划分权力和职能来削弱集权带来的不利影响和腐败,但是叶卡捷琳娜在1726年设立的最高枢密院恰恰削弱了这个目的。叶卡捷琳娜提名6位贵族,在不干预女皇特权的前提下,他们负责商议国家大事并制定政策。实际上这个机构篡夺了彼得的行政机构的权力,随后发生的腐败异常猖獗,直接导致最高枢密院于1730年解散。

继承人。但当叶卡捷琳娜闻听此传言时,她即刻派贴身医生给那个婴儿治病。不久那孩子便夭折了,据说是叶卡捷琳娜下令毒死的。

叶卡捷琳娜有充分的理由担忧她的命运——尤其是在她与宫廷内务大臣威廉·蒙斯还有他姐姐玛特廖娜成为朋友之后。蒙斯是彼得以前某个情妇的兄弟,然而他和他姐姐却招摇地出卖觐见皇后的机会。据一位外交官说,蒙斯是"我见过的最帅的男人"。听到这句话的彼得怀疑妻子不忠,派出间谍暗中观察叶卡捷琳娜的一举一动。有一次,妒火中烧的彼得摔碎一面镜子并大声威胁她说:"是我造就了你,我也能轻而易举地毁了你!"最后,愤怒的彼得把蒙斯折磨至死并斩首,还故意把妻子带到现场观看,叶卡捷琳娜看到他人头落地只轻描淡写地说了句:"真遗憾,内务大臣竟有这么多恶习。"彼得觉得这样的惩罚还不够,他下令把蒙斯的人头放在罐子里并要求妻子将其摆放在架子上。

蒙斯事件之后,彼得撕毁那份指定叶卡捷琳娜为继承人的遗嘱。皇帝和皇后几个月都没有说话,但在1724年秋天当彼得患病的时候他们和解了。连续几个月的尿路阻塞加剧了彼得的膀胱坏疽症,在最后的时刻,彼得喃喃地说,"把一切留给……"话还没说完就陷入了昏迷。彼得再也没有醒过来,他去世于1725年2月8日,享年52岁。

他下令把蒙斯的人头放在罐子里并要求妻子将其摆放在架子上。

▲ 缅希科夫和他的孩子们在流放中的场景

下一任沙皇本应该是与彼得同名的孙子，当时还不到10岁。这位皇子深受莫斯科的影响，这里的保守派企图利用他来取消帝国的改革措施。但缅希科夫掌握了局面，他对主教公会说叶卡捷琳娜已经加冕女皇，他向帝国参议院保证，叶卡捷琳娜已经学会如何按照已故丈夫的方式执政，他也告诉帝国禁卫军她将延续彼得的改革方式。这个行为很大胆：俄国需要接受一个平民、一个外国人而且还是一位女性成为统治者。当然，与其冒险相信那位不甚了解的年轻彼得，既得利益集团更愿意选择支持叶卡捷琳娜延续之前的政策。

叶卡捷琳娜虽然是女皇，但身为首席顾问的缅希科夫才是行使大部分权力的人。他非常清楚军队的支持对于她的皇权至关重要，俄国的军队是欧洲规模最大的军队，其庞大的开支来自农民和农奴缴纳的税款。农民和农奴几乎没有收入，所以常常不能如期缴税，因此也没办法为士兵发放军饷。叶卡捷琳娜努力解决这个问题，她大力减免农奴人头税，免除他们的债务，并且通过支付拖欠薪俸以确保军队效忠。这些措施帮助叶卡捷琳娜赢得人心，他们非常欣赏女皇的真诚以及当她提及自己也是农民出身时是多么的自豪。

彼得大帝的改革措施被继续执行，叶卡捷琳娜并没有在此基础上深化改革——她不擅长制订连贯清晰的政治计划。然而，彼得所厌恶的贪污腐败在她执政时期兴起，而且她逐渐陷入了一种疯魔的状态。她越来越沉迷于宫廷狂欢放纵，这与彼得强加给其臣民的西式优雅风度大相径庭。

叶卡捷琳娜通常下午5点才起床，接下来12个多小时参加各种舞会、打牌、跳舞和暴饮暴食。她依然能和男人们一起推杯换盏，尽管大臣们经常会发现他们的女皇烂醉如泥地倒在桌子底下。他们逐渐难以忍受这种夜晚，如果叶卡捷琳

▲ 缅希科夫肖像

娜讨厌某人的着装或者举止，她就会让他喝伏特加酒直到昏厥过去。她越来越胖，有位来访者描述她是"一个粗鄙庸俗，走路摇摇摆摆像只鸭子的女人"；但她的性欲却很旺盛，如狼似虎。她找了个年轻的内侍当情人，但没多久他便精疲力竭濒于崩溃。

幸好叶卡捷琳娜的统治仅仅持续了16个月。1727年春她患上肺结核，5月17日痛苦地死去，享年43岁。她的统治对于延续彼得的改革是必要的，但讽刺的是，她的死却导致了王朝未来十年的动乱。

彼得二世

皇位继承危机

谁将坐拥彼得大帝打下的江山?

德雷克·威尔逊 / 文

一位外国评论家在彼得二世时期极其悲观地预言道:"除非俄罗斯帝国从目前行尸走肉、麻木不仁的状态中苏醒过来,否则他们会重新穿上毛皮长袍和长衬裙,再一次遭受来自全世界的鄙视,认为他们肮脏卑劣,矫揉造作。"彼得大帝统治时期的改革是由一个人钢铁般的意志和严酷的法律强加的,但是沙皇也只是血肉之躯的人类,他的努力也有可能因为反对派或政敌制造的动乱而付诸东流。虽然彼得规定统治者可以指定继承人(无论男女),但是他并没有这样做。唯一的男性继承者还未成年,其他直系亲属分别是彼得的妻子和两个女儿。不论是由幼子还是女眷们继承,他们都不了解何为统治,很容易受到寡廉鲜耻的大臣左右。

1725年,最有影响力的大臣亚历山大·缅希科夫成为实际掌权人。他的崛起依靠他沙皇密友的身份,更依靠沙皇妻子叶卡捷琳娜的托庇。缅希科夫私吞了大量国库资金,他深知自己只有在叶卡捷琳娜的统治下才能生存。他获得了国务委员会和普列奥布拉任斯基和塞莫诺夫斯基两个近卫军团的支持,这些力量足以帮助彼得大帝的遗孀成为俄国女皇叶卡捷琳娜一世。

在接下来的两年中,国家政策的大方向没有变化,但也没有进一步发展。缅希科夫成立了由私人顾问组成的最高枢密院,专门处理"极其重要的事项";但叶卡捷琳娜也并未置身事外,她亲自监督丈夫制定的现代化政策的实施。不过,在一件事上,她贯彻了自己独立的意见。彼得投入大量资源支持军备力量建设,23万人的俄军成为当时欧洲最庞大的军队,可供养这支军队成本高昂,民众的税负十分沉重。出身卑微的叶卡捷琳娜决定大大压缩军事预算,为民众减轻了负

▲ 19世纪20年代末绘制的彼得二世画像

彼得二世和多尔戈鲁科夫家族

诡计多端的家族

▲ 一幅描绘宣布彼得二世即位沙皇的版画

叶卡捷琳娜去世后引发内部政治斗争,女皇家族的高级成员阿列克谢·多尔戈鲁科夫也卷入其中,他负责监督小沙皇的教育。阿列克谢一开始是缅希科夫的盟友,后来便逐渐想方设法取代他。阿列克谢策划将沙皇从缅希科夫的宫殿带到莫斯科,很快莫斯科就恢复了首都地位。如今彼得经常和阿列克谢一家待在一起,阿列克谢的儿子伊凡是个浪荡子,带着少年彼得大吃大喝、赌博、酗酒和嫖娼。阿列克谢的女儿叶卡捷琳娜·多尔戈鲁科娃比彼得大三岁,她将彼得勾引到手,不久后两人就订婚了。沙皇远离政治中心,统治集团追逐私利,俄国政府陷入停摆状态。1727年,缅希科夫被剥夺职衔,收回封地,全家流放到西伯利亚,而彼得十分乐意看到前导师的倒台。彼得不反对但也不支持祖父的改革政策,所以部分改革制度搁浅,显然这正是守旧派多尔戈鲁科夫想要的。但是多尔戈鲁科夫对待年轻沙皇的方式产生了适得其反的效果,放荡的生活严重威胁到他的健康。1729年末彼得身患天花,他于1730年1月30日(与叶卡捷琳娜·多尔戈鲁科娃结婚前夕)病逝,这下轮到未婚妻的家族被流放了。

担。不过叶卡捷琳娜1727年5月死于肺结核,彼得大帝时代的余晖至此消退。缅希科夫想保持自己的权力就必须掌控女皇的继承者,在他看来彼得大帝最后的直系男性继承人就是"叛国者"阿列克谢11岁的幼子。小彼得在童年时期因为出身有污点的家庭而遭到祖父嫌弃;而且在彼得大帝看来,他就是旧俄国的势力企图夺回地位的象征,所以他从来没把自己的孙子放在眼里。1721年彼得大帝的女儿们获得了皇储头衔,而这位孙子被忽略了,没有获封皇储的名号。小彼得一度情绪低沉,慢慢形成冷漠懒惰的性格。只要叶卡捷琳娜生下了男性继承人,沙皇就丝毫不会在意小彼得;然而,叶卡捷琳娜的8个儿子无一长大成人。小彼得完全没有接受过关于成为未来统治者的教育。4岁前小彼得父母双亡后,由一对荷兰夫妇照顾,只接受了最基本的教育。

直到1722年,沙皇才意识到终有一天皇位要落到彼得·阿列克谢耶维奇的手中。这个7岁的孙子被交给德裔枢密院大臣兼外交官海因里希·奥斯特曼管教,不过他的祖父仍然对他漠不关心。深谋远虑的缅希科夫培养男孩逐渐靠近权力中心,他打算让自己的女儿嫁给小彼得,从而和皇室建立亲密同盟关系。叶卡捷琳娜去世后,他便伪造遗嘱传位彼得二世,并将他带回自己的宫殿。不过,缅希科夫的运气快要到头了。新沙皇继位后,缅希科夫把持着朝政,人们说他的统治比彼得大帝还要专横;新沙皇不喜欢他,而没有女皇的保护,他极易受到政敌的攻击。

安娜

残酷宫廷

俄国第二位女皇的统治以残酷著称，
但也做出了重要的成就。

格雷格·金 / 文

彼得二世的英年早逝导致俄国皇位继承局面陷入混乱。最高枢密院驳回了推选彼得大帝女儿伊丽莎白的想法，因为她是私生女而且母亲是立陶宛农民。他们转而想起彼得大帝已故的同父异母兄弟伊凡五世的女儿们，其中大女儿叶卡捷琳娜嫁给了梅克伦堡-什未林公爵（对外声称分居），经过综合考量枢密院选择了守寡的二女儿库尔兰公爵夫人安娜。

1693年安娜·伊万诺夫娜出生，三岁时心智不健全的父亲去世，安娜的叔叔彼得成为唯一统治者。安娜从小被严格地按照母亲普拉斯科维娅的标准管教，她接受了很好的教育，学习德语、法语以及俄国历史，可童年时期大量传统、宗教以及道德教育的灌输令她变得神经质。性格专横固执的她被人们称为"可怕的安娜"。

1708年彼得大帝命令安娜及其母搬到圣彼得堡。安娜被壮丽的宫殿所折服，曾经害羞的小女孩已经出落成了大姑娘。参加宫廷庆祝活动的人们对这位姑娘印象深刻：她比大多数男性还要高，而且有发福的趋势，肤色和发色都很深，双眼湛蓝，嗓音深沉洪亮。人们认为她不好看，作家托马斯·卡莱尔说她肉乎乎的脸颊好像"威斯特伐利亚火腿"。1710年彼得一世出于政治考虑，安排安娜与库尔兰公爵弗里德里希·威廉成婚（库尔兰位于现代的拉脱维亚）。整个仪式类似野蛮人的酒神节，醉汉们在桌上蹦蹦跳跳，还有侏儒从巨大的馅饼中跳出来。

1711年年初安娜和丈夫出发前往库尔兰。马车队才离开圣彼得堡一天，弗里德里希·威廉就死了，据说死因正是前一夜狂饮导致的酒精中毒。沙皇下令要求库尔兰公爵夫人安娜按照他的指令管理库尔兰省，为了确保她没有异心，沙

▼ 女皇安娜的正式肖像

皇任命近臣彼得·别斯图热夫-留明伯爵前去担任安娜的顾问。伯爵发现安娜生活悲惨、经济困难而且很孤独，两个人越走越近，他成了安娜的情人。不过这种状态逐渐发生了变化，安娜面前出现了一位新人：恩斯特·约翰·比龙（Ernst Johann Biron），一个贫穷但长相英俊的贵族，他仅受过基础的教育，但笑容灿烂，性格狡猾。很快安娜就相信比龙的话，认为别斯图热夫-留明伯爵想要诈取她本就不富裕的财产，于是比龙取代伯爵成了安娜的新情夫。1723年安娜安排比龙迎娶自己的侍女以掩饰众人皆知的事实。

彼得二世去世前夕，最高枢密院私下和安娜沟通过由她继承俄国皇位一事。贵族们经过缜密考虑，认为安娜是一个没有儿女的寡妇，易于控制。他们要求安娜签署一份严格限制她权力的文件，安娜同意遵照他们的指示行事：不经枢密院批准，不宣战、不媾和、不征收新税种，甚至不能支出经费；除非通过其他贵族的审判和定罪，否则不能惩罚或流放贵族；不能授予土地和农奴；所有官员任命须经枢密院批准。文件最后明确指出，如果安娜结婚，则需要放弃皇位，继承人将由枢密院而不是君王指定。

安娜想尽快逃离在库尔兰绝望压抑的生活，所以欣然同意了这些前所未有的要求。文件签署后不到一星期，彼得二世驾崩，安娜动身前往翻修一新的首都莫斯科，权力斗争自此拉开帷幕。军队和名门望族的领袖人物警告安娜，最高枢密院的贵族如多尔戈鲁克家族和戈利岑家族想要限制她的权力来增加自己的权力。安娜的手段堪比伊凡雷帝，1730年2月20日，她先是解散了最高枢密院，逮捕了其中一半的人员并发配西伯利亚，然后撕毁协议，宣布自己将是"专制权力唯一代言人，只对上帝负责"。

之后安娜和她的德裔小团体开始了为期十年的专制统治。比龙可能已经不再是她的枕边人，不过安娜任命他为大总管和首席顾问；外交事务由安德烈·奥斯特曼负责；军事则由布克哈特·明尼希将军掌控。比龙显然利用职权收受贿赂，俄国人对此十分愤怒，但他提供了合理的建议，行政管理工作也很称职，这些情况在国内是少有人知的。

安娜再次迁都圣彼得堡，着手继续彼得大帝未竟的事业。彼得保罗要塞和十二学院终于竣工，城市街道上铺满鹅卵石，运河上修建了石桥。安娜为彼得堡科学院投入大量资金，邀请德裔教授讲授数学、植物学、天文学以及航海学等课程。俄国人开始对白令海探险，调查西伯利亚的人类迁移，以及是否曾经有一座陆桥将亚洲和北美连接起来。

安娜在位期间的统治并不像敌对者描述的那样黑暗。大力投入采矿业的俄国一跃成为全世界钢铁生产的领头羊。虽然安娜天资不佳，但她酷爱艺术，也愿意资助艺术家。安娜邀请意大利歌唱家和作曲家到圣彼得堡，让俄国人第一次看到歌剧表演；安娜喜欢看芭蕾舞，1738年成立了女王舞蹈学院，培养宫廷仆人的幼童学习舞蹈，日后俄罗斯芭蕾舞学院逐渐成为举世闻名的艺术殿堂；她成立皇家少年军团，训练贵族子弟为未来

▲ 描绘女皇安娜的枢密院的讽刺画

▲ 安娜的信臣恩斯特·约翰·比龙

▲ 女皇安娜撕毁限制其权力的继位条件清单

的军队储备人才；她创立了圣彼得堡和莫斯科的第一个消防队；她开设了俄国最早的邮政服务。

然而与此同时，安娜加强了贵族阶层的力量，减轻了他们的义务。她缩短义务兵役周期，为保证家产有人继承，允许免除家中一个儿子的兵役。农奴的枷锁加强了，新税法和法令使农奴成为地主的财产。女皇还恢复了臭名昭著的秘密公署，采用酷刑和流放的手段铲除异己。

安娜的统治方式略显矛盾，既不敢彻底放纵堕落又无法保持优雅的欧洲风气。她下令建造新的冬宫，是为了尽情享受如法国波旁王朝的极度奢华。优雅别致的新礼服和制服笔挺的仆人只是华丽的表象，皇宫内部到处都是虱子和老鼠，朝臣们进口的服装里面常常穿着破烂肮脏的内衣。尽管女皇喜欢芭蕾和歌剧，但她也继承了俄国祖先的野蛮趣味，让一群巨人、侏儒、残疾人、训练有素的猪和山羊等动物穿着带花边的衣服在宫中游荡。安娜残酷无情的行为令人厌恶：她命令侍女们打架，直到拔掉头发、伤口留血才能停止；她让群臣装扮成动物，在不明所以的观众面前咯咯叫，还要在地上爬行；酷爱打猎的她要求所有房间配备上膛的步枪，方便自己在窗口射击鸟兽，天气不好的时候，猎物会被放进宫中，安娜就在宫殿的厅堂中追逐并射击。

安娜在位期间，俄国经历了两场大型军事冲突，一是波兰王位继承战争，一是俄土战争。第一场战争发生在波兰国王奥古斯都二世去世后，法国、瑞典和土耳其想要扶持傀儡斯坦尼斯瓦夫·莱什琴斯基，取代合法继承人。俄国和奥地利结盟反对政变，最终成功地让国王的儿子加冕为奥古斯都三世。第二场战争持续长达4年，俄国损失惨重，10万人阵亡。明尼希将军只攻下亚

冰宫

安娜最臭名昭著的残酷事件，强迫婚姻和宏伟的冰宫

女皇安娜统治期间最离奇的事件发生在1740年2月。她因为米哈伊尔·戈利岑公爵和天主教教徒结婚而十分愤怒，得知公爵妻子早逝后，安娜决定惩罚他，强迫公爵再婚。她竭尽所能选出了最丑陋的女人，一位卡尔梅克老女仆阿芙多蒂亚·布热尼诺娃作为公爵的新娘。她下令在冰封的涅瓦河上用冰块堆砌新婚宫殿；冰墙、冰家具，甚至吊灯都是用冰做的，并要求新婚夫妇在这里度蜜月。婚礼结束后，教堂所有大门都被锁上以防止戈利岑逃跑。安娜在马棚安排婚宴，开胃菜是用发酵牛奶泡过的马肉，旁边一位小丑为新婚夫妇朗读辱骂他们的诗。安娜要求新婚夫妇打扮成小丑坐在大象背上的笼子里，然后穿过街道到达冰宫，再将他们赤身裸体地锁进卧室，告诉他们如果想活下去，就必须交媾。还是一位女仆用珍珠项链换了一件羊皮大衣，偷偷送给这对快要冻死的夫妇，他们才靠这件大衣捡回性命。

▲ 圣彼得堡的冰宫

速，俄国人开始质疑将军带兵打仗的能力。

1740年，安娜的身体每况愈下，痛风和肾结石不断折磨着她，而医生们束手无策。同年10月安娜去世，享年47岁。她的功过并不容易评价：她一方面延续了彼得大帝的改革；另一方面又沉迷于放纵的享乐。安娜并不像政敌说的那样保守愚蠢，实际上，人们对她及其德裔小团体的反感很多都源于民族主义、排外情绪和性别歧视。然而，安娜最终没有完成为陷入混乱的国家带来稳定的重任。

▲ 安娜在欣赏宫廷小丑的演出

她也继承了俄国祖先的野蛮趣味。

伊凡六世

失踪的沙皇

欲戴王冠，必承其重，当襁褓中的婴儿被推上皇位，悲剧即将到来。

凯瑟琳·柯曾 / 文

当几个月大的婴儿伊凡六世登上俄国的皇位时，巨大的权力、特权、财富以及领土似乎都已归他所有，如果他能长大成人，便可以统治18世纪最强大的国家之一。但在传奇色彩浓郁的罗曼诺夫宫廷里，每个人都在追逐至高的荣誉和地位，这是一个由野心和阴谋主宰的时代。

伊凡出生在不伦瑞克-贝沃恩的显赫家族，是不伦瑞克-吕讷堡的安东尼·乌尔里希公爵和俄国皇族安娜·利奥波多芙娜的儿子。安娜·利奥波多芙娜是伊凡五世的外孙女、女皇安娜的侄女，属于俄国皇室的核心成员。皇宫中所有人都知道女皇身体欠安，朝臣、亲信以及政客们都在争权夺利。如果女皇撑不到小伊凡成年，则需要有人从旁摄理朝政，虽然伊凡母亲的胜算比较大，但谁都不知道最后结果会如何。

安娜仅指定新生儿伊凡是下一任沙皇，但并没有令其母摄政，而是指定了女皇最宠爱的臣子，同时也是传说中的情夫恩斯特·约翰·冯·比龙。比龙十分渴望担任摄政，可螳螂捕蝉，黄雀在后。1740年女皇安娜去世时，小伊凡才两个月大，如今的人会觉得难以想象，这个婴儿即将成为俄国宫廷最悲惨的棋子，无辜的伊凡将面对折磨其一生的严厉惩罚。

为了获得摄政权力，比龙进行了长期而艰难的游说，然而他的掌权时间只有1个月。从一开始比龙就不受人欢迎，所以当安娜·利奥波多芙娜发动政变并篡夺其权位的时候，没有人表示反对。

如今伊凡的母亲安娜·利奥波多芙娜掌权

▲ 沙皇伊凡六世像,匿名作者大约绘制于1741年

▲ 伊凡六世在位时期和母亲在一起的肖像画

并受封女大公,新身份赋予她强烈的安全感。比龙被军事法庭判处死刑,但安娜·利奥波多芙娜为他法外开恩,将这位曾经权倾朝野的权臣流放西伯利亚。

安娜·利奥波多芙娜夺取了权力,但她的政变过程太顺利、太容易了,这使她麻痹大意,忽视了威胁。掌权12个月之后,她的权力就被一位实力强大且野心勃勃的皇室贵妇夺走。

在彼得大帝的女儿伊丽莎白·彼得罗芙娜看来,继承皇位是她与生俱来的权利,她绝不打算将其拱手让于他人。与安娜·利奥波多芙娜不一样,伊丽莎白蛰伏等待时机,默默地在幕后操纵朝中的权力。在安娜·利奥波多芙娜执政期间,她充分利用父亲的影响、家族的力量和摄政者的每一个微小疏失,巩固加强了自己的联盟。

伊丽莎白政治眼光毒辣,俄国民众果然对新政权越发不满。国内税收飙升,经济下滑,民不聊生,饿殍遍野。头脑灵活的她为了给日后掌权打好基础,巧妙地利用了她已故父亲在军队中的声望,她积极拉拢禁卫军高官,许多军官都认识她并视她为好友。1741年年末当她穿上金属胸甲准备夺取俄国皇位的时候,这些关系都成了无价之宝。

获得普列奥布拉任斯基军团鼎力相助的伊丽莎白·彼得罗芙娜手持银色十字架向冬宫前进。这是一场不流血的政变,伊凡及其父母被捕。伊丽莎白头戴皇冠开始了长达20年的统治,而小男孩以及家人都被囚禁在里加的杜南明德(Dünamünde)要塞。善于嚼舌头的大臣和新女皇的猜疑导致1岁的小伊凡灾祸连连,人生之路坎坷无常。

安东尼·乌尔里希和安娜·利奥波多芙娜承诺绝不会威胁伊丽莎白的皇位,希望女皇能够放过他们全家,允许他们在不伦瑞克安家过日子。他们与世无争的态度令女皇感到满意,但就在她快要同意的时候,不幸的事情发生了。政治阴谋的魔爪再一次紧紧地扼住小伊凡的喉咙。

法国和奥地利纠纷不断,两国深知获得俄

国的支持和理解有多重要。人们都知道,实力强大的俄国副首相阿列克谢·别斯图热夫-留明支持奥地利,法国的两个间谍打算釜底抽薪。他们设计陷害别斯图热夫,然而这场宫廷阴谋将无辜的伊凡一家拖入了深渊。

纳塔利娅·费奥多罗芙娜·洛普欣娜是安娜女皇时期最受欢迎的侍女,伊丽莎白女皇上位后便失宠了。众所周知洛普欣娜和副首相的弟媳安娜·别斯图热娃是爱八卦的好朋友,法国间谍开始散布谣言,说有人听到安娜·别斯图热娃与洛普欣娜的儿子讨论重新扶持小伊凡。虽然此事完全是子虚乌有,但在政变频繁的罗曼诺夫王朝,就可能成为惨烈事件的导火索。

当伊丽莎白女皇听到有人要威胁自己皇位的传言后,立刻羁押了这两位妇女。虽然她们坚称自己是无辜的,可还是被割掉舌头流放西伯利亚——她俩的刑罚本来可以更重些,但女皇承诺过她统治期间不会判处死刑。副首相别斯图热夫千方百计地保住了自己的权力和地位,但小伊凡依然难逃厄运。

在距离伊凡4周岁还有两个月时,伊丽莎白

▲ 纪念罗曼诺夫王朝的书籍中描绘的女大公安娜·利奥波多芙娜

女皇因伊凡一家严重威胁自己的权力和地位而决定继续关押他们。虽然在洛普欣娜事件中没有找到有人试图恢复伊凡皇位的证据,但依然产生了恶劣的后果。伊凡拥有皇位的合法继承权,伊丽莎白开始相信要么是他的家人,要么是其他某个派系可能会利用他来取代她。她自然不想冒险。

伊凡和他的双亲被关在白海边霍尔莫戈雷的一个监狱里,他们被分开关押,伊凡的父母以为儿子在很远的地方,而伊凡也不知道他的父母就在几十米外。在这个悲伤、荒凉的地

伊凡也不知道他的父母就在几十米外。

方,伊凡度过了他的童年时光。

据说,这个小男孩充满了阳光朝气,却只能待在监狱里遭受虐待。伊凡没有玩伴,也见不到其他小孩,很少有机会接触外面的世界,连晒太阳的机会也没有,他只有在夜间才能在严密的看守下蒙上双眼来到牢房外面。残酷的环境很快开始对小男孩的身心健康产生负面影响,而伊丽莎白女皇对此不仅无动于衷,而且疑心越来越重;后来她下达指令,如果有人试图劫狱,就立即杀死伊凡。

孩童时期的伊凡只有被关押的记忆,他被从父母身边带走之后几乎没有接受过任何教育,识字不多,也没有机会上学。他被从自己珍视的一切中驱逐出来,扔进冰冷的隔离空间,这样的处境就算是成年人或者顽强的罪犯都难以应对。伊凡父母以前经常提醒他不要忘记自己是谁,这位年轻人清楚地记得与生俱来的权利以及被夺走的东西。

无论被囚禁了多少年,精神状态有多恍惚,他从未忘记自己曾是俄国沙皇。随着囚禁的时间越来越长,伊凡也变得越发羸弱,可他仍以沙皇自居,但这个身份在霍尔莫戈雷荒凉偏僻的监狱里毫无意义。在重兵的看守之下,这个被当作无名氏的小男孩孤独地活着,他永远也无法逃脱。

尽管女皇煞费苦心,可人们还是记得伊凡

劫狱失败

试图解救身陷囹圄20多年的伊凡六世,瓦西里·米罗维奇中尉是什么人?

士兵米罗维奇出生于西伯利亚,父亲是遭到流放的贵族,他从小就坚信,罗曼诺夫家族使用阴谋诡计剥夺了他家族的财富和特权。由于他的祖父反对彼得大帝,米罗维奇一家失去了所有的权力和土地,而他决心将它们夺回来。当他得知自己在施吕瑟尔堡看管的人是谁的时候,认为机会来了。如果他解救伊凡,然后逼伊丽莎白女皇退位,米罗维奇一家便能再次享受多年前被夺走的荣华富贵。

然而,劫狱行动失败了,伊凡被杀。米罗维奇中尉成为近20年来第一个被皇室下令处死的人。

和他的母亲，而且时不时地传出其命运和关押地点的流言。伊丽莎白压根就不想听到这些流言，她竭尽所能抹除这家人残留的痕迹。1746年伊凡的母亲安娜去世，1774年伊凡的父亲去世，两人去世前均未能和自己的儿子团聚。小沙皇实际上已经被从这个国家的历史中抹去了，但从以往经验来看，这是最糟糕的解决办法，因为这种方式反而会刺激谣言的加速传播。伊丽莎白决定再次对伊凡下手，她一定要让民众彻底忘了他。

16岁的伊凡被带到人生最后一站，令人生畏的施吕瑟尔堡（Shlüsselburg）要塞。在这座新监狱里，他被戴上镣铐，孤独地生活在完全与世隔绝的环境中。1762年伊丽莎白去世后他也没有得到赦免，即便新沙皇前去探望，伊凡也是枷锁缠身，被当作疯子对待，依然无法得到自由。当然，彼得三世和叶卡捷琳娜大帝也不会释放对自己皇位有威胁的人，他们没有采取任何措施改善他的监狱生活，就让他困在

▲ 伊凡六世短暂统治时期铸造的银卢布，上面标注的年份是1741年

那里直至腐烂。

曾经的沙皇早已变成疯子，人们渐渐将其遗忘，但还有一个人记得这位被废的小男孩。这个人就是野心勃勃的施吕瑟尔堡守卫瓦西里·米罗维奇中尉。1764年他计划发动要塞政变，想要解救伊凡，然后靠伊凡逼迫伊丽莎白女皇退位。他悄悄地谋划着一切，并且在要塞的守卫中纠集支持者，最后他终于确定了行动的时机。

米罗维奇和同伙大步冲进监狱，看守伊凡的狱卒听到骚动声，立刻按照很久以前"如果有人试图劫狱，就立即杀死伊凡"的命令行事。他们来到牢房，一剑就杀死了伊凡，这个虚弱的年轻人根本没有机会抵抗，他注定再也无法戴上俄国的皇冠。

这是俄国历史上一出黑暗悲剧的最后一幕，我们只能为伊凡凄惨的命运哀悼，这个小男孩几乎从出生的那一刻起就成了囚犯。

伊丽莎白一世

女皇和奢华宫廷

俄国第三位女皇不仅统治着一个帝国，
而且为荒蛮的旧俄国换上了优雅辉煌的欧洲风格外衣。

格雷格·金 / 文

伊丽莎白是俄国的第三位女皇，她与所有的前任女皇都不同。生于1709年的她是彼得大帝和第二位妻子长大成人的两个女儿之一。一位法国家庭女教师称她不仅会说法语，还会德语、意大利语和俄语。伊丽莎白综合了父母双方截然相反的性格，她有父亲的才智和难以捉摸的脾气以及躁动充沛的精力，喜欢骑马、打猎和跳舞，她还有母亲天生的魅力和同情心。

15岁的伊丽莎白出现在她父亲的宫廷时已然出落成一位漂亮可人的姑娘：一双蓝色的大眼睛、赤褐色的头发和姣好的身材。彼得大帝本想把她嫁给未来的法国国王路易十五，但对于傲慢的波旁王朝来说，一个母亲是普通农民的王后实在不配。彼得1725年过世前，极力促成了女儿与德意志的荷尔斯泰因-戈托普家的卡尔·奥古斯都王子订婚。因为丧事，婚礼延期到1727年春，但此时又有死讯传来，先是伊丽莎白的母亲叶卡捷琳娜去世，两周后王子又在婚期前英年早逝。

伊丽莎白因彼得二世和女皇安娜先后抢占了本应属于她的皇位而感到不满。安娜难以掩饰对伊丽莎白美貌的嫉妒，拒绝为她筹办任何婚礼，还强迫她安静低调。伊丽莎白不甘示弱，她找了一位年轻英俊的军官阿列克谢·舒宾做情人，安娜得知此事后逮捕舒宾，将他的舌头割下并发配到西伯利亚。从此伊丽莎白更加谨慎小心，只能从宫廷仆人中选择情人，直到她遇到英俊的哥萨克农民阿列克谢·拉兹莫夫斯基。因为参加合唱演出，拉兹莫夫斯基的主人把他从乌克兰带到圣彼得堡。其他情人来来去去，只有拉兹莫夫斯基成了伊丽莎白一生的恋人。他从不要求犒赏，但伊丽莎白以地位和财富回报他。甚至有传言说他

▼ 伊丽莎白女皇,匿名画家绘制

这是雄心壮志和轻浮短见之间的博弈。

叶卡捷琳娜宫

伊丽莎白将母亲的遗产发扬光大

伊丽莎白女皇执政时投资建设了诸多建筑杰作，比如圣彼得堡的新冬宫，以及极其精致的夏宫，旁边是绵延数百米的梦幻般的小瀑布。但这个时期最伟大的俄罗斯巴洛克式建筑是由意大利建筑师巴托洛梅奥·拉斯特雷利专门为女皇在首都以南的沙皇村建造的宫殿。

彼得大帝将沙皇村赠与叶卡捷琳娜皇后，作为她的乡村休养地。他们的女儿伊丽莎白想把她母亲朴素的石砌宫殿翻新升级，1752年她要求拉斯特雷利将这里翻修成更加华丽的宫殿，与她奢华的宫廷相得益彰。这项工程历时4年才竣工，新的宫殿令人叹为观止，即使外国大使看到后都惊讶得目瞪口呆。新的叶卡捷琳娜宫四周围绕着精致的花坛、静谧的池塘和异域风情的花园，绵延大约325米，宫殿如大剧院般的立面有一排排镀金的圆柱、壁柱及女像柱，与天蓝色的外墙相映成趣。

在叶卡捷琳娜宫内部，布满雕刻和镀金的木制品，天花板上有精致的彩绘，地板由十几种稀有木材拼接组成十分复杂的几何图形。位于宫殿中心的大走廊充分展示了伊丽莎白时期宫廷的辉煌。走廊横跨整个宫殿，全长近90米，有两层楼高，两排窗户提供明亮的采光，各窗户之间以镜子相隔，镜子边框上镶嵌镀金的小天使。夜晚时分伊丽莎白在大走廊举办舞会，56个枝形吊灯照亮全厅，闪亮的灯光在金银珠宝上反射出璀璨夺目的光芒。

最著名的大厅是琥珀大厅。1716年，普鲁士国王腓特烈·威廉送给彼得大帝55块蜜糖色雕刻精良的琥珀嵌板，用以交换身材高大的俄罗斯士兵。伊丽莎白将这些琥珀嵌板暂时存放在冬宫——沙皇村拉斯特雷利的新建宫殿。1755年，这些琥珀嵌板被装进板条箱运送到叶卡捷琳娜宫，拉斯特雷利把这些琥珀嵌板镶上镀金框并安装在镜子之间，搭建成令人眼花缭乱的大厅。宫殿美得令游客瞠目结舌，琥珀大厅好似皇冠上的珠宝，不久后这里便成为全欧洲知名的俄罗斯文化和奢侈的代表作。

▲ 沙皇村的叶卡捷琳娜宫

▲ 叶卡捷琳娜宫的琥珀大厅

▲ 普列奥布拉任斯基领导的禁卫军宣布伊丽莎白为女皇

们在1742年秘密结婚且有私生子。尽管有几位自称是他们子女的人出现,但都没有确凿的证据,其中伊丽莎白·塔拉卡诺娃制造了很多麻烦,是伊丽莎白执政晚期最让她头痛的人物。

拉兹莫夫斯基在伊丽莎白篡位登基的过程中功不可没。伊丽莎白小心维护与禁卫军长官的关系,并逐渐引导他们与婴儿伊凡六世和摄政的母亲安娜·利奥波多芙娜作对。1741年11月25日夜晚,伊丽莎白穿着军装到达普列奥布拉任斯基的禁卫军营房,逼问道:"你们想效忠于谁?我,你们真正的君主,还是那些偷走我继承权的家伙?"士兵们支持彼得大帝的女儿,他们冲进冬宫逮捕了婴儿沙皇和他的父母,拥立伊丽莎白为女皇。这一切发生得十分突然,更为引人注目的是兵不血刃。

伊丽莎白为重塑人们对皇位的敬仰做出诸多努力,她父亲建立的政府部门得到了加强,德裔政敌的权力也被剥夺。她继续推进经济改革;在她执政时期,帝国美术学院和帝国瓷器厂应运而生;她鼓励俄国伟大的科学家和文学天才米哈伊尔·罗蒙诺索夫建立帝国第一所高等教育机构——莫斯科大学。与此同时,背负苛捐杂税的农奴生活越发凄惨,因为地主可以随意惩罚或买卖他们。

俄国成功结束了与瑞典的军事冲突,却卷入了"七年战争"(1756—1763)。这个国家对士兵跨越德意志的土地的战略意义不感兴趣,但伊丽莎白却根据自己对普鲁士国王腓特烈大帝的仇恨制定其外交政策,俄国士兵在不明白交战意义的情况下浴血奋战。在普鲁士士兵即将溃败而俄国胜利在望的时候,女皇驾崩,她之前奋力收获的一切在彼得三世继位后统统付诸东流。

在某种程度上，这场战争就代表了伊丽莎白的统治。她在位期间有很多伟大的思想出现，但是她把大部分事务都留给一系列有才华的顾问去裁定。对伊丽莎白而言，这是雄心壮志和轻浮短见之间的博弈，而通常情况下后者会占上风。当时的帝国的宫殿是欧洲最奢华最壮观的宫殿之一，尽管在叶卡捷琳娜大帝将欧洲的礼仪和习俗引入宫廷之前它只是徒有其表。伊丽莎白规定法语为宫廷官方语言，并且建造了与凡尔赛宫匹敌的宫殿，但访客们还是会抱怨这里糟朽的窗帘和室内泛滥的老鼠。

服饰成为伊丽莎白的当务之急。伊丽莎白经常举行阅兵，可能一天内需要更换6次服装。她甚至骄傲地吹嘘她从未两次穿过同一条裙子。她去世后，她的遗物中整理出来大约15000件礼服。她颁布大量法令规定了侍臣的着装，例如，女士不许穿戴粉色服饰，因为那是伊丽莎白最喜欢的颜色。有一次，一位女士在舞会上穿了粉色礼服，还在头上别粉色玫瑰，愤怒的女皇于是亲手扇她的嘴巴，还叫人拿来一把剪刀，剪碎她的礼服，剪掉她的头发，然后若无其事地继续跳舞，致使那位可怜的女士流下难堪的泪水，几近崩溃。

这一切说明女皇脾气乖戾又骄傲自负，在她上了岁数以后情况更甚。她追随法国时尚，穿昂贵的金色礼服，浓妆艳抹，在她喷着香粉的头发里堆满如小瀑布般的一层层钻石。一次，由于侍女洗不干净头发里的香粉而只得剪短她的头发，伊丽莎白命令所有宫廷侍女必须都剪短发，因为那样才不会让自己看起来很突兀。

最终，宫廷娱乐逐渐占据了伊丽莎白的生活。她通常会睡到中午才起床，在半夜召开政府会议，然后跳舞狂欢直到次日早晨6点——她要求朝臣必须遵守这黑白颠倒、令人煎熬的时间表。几乎每晚都有新花样：打猎节、歌剧节、海军节——任何能想象得到的主题都会成为庆祝的主题。她从欧洲请来音乐家为几百位客人演奏，从世界各地进口肉酱、松露和菠萝以供饕餐。各种各样的戏剧（伊丽莎白偏爱法国国家剧院的作品）、歌剧（意大利歌剧）和芭蕾舞无休止地上演。

接下来还有皇家舞会。伊丽莎白喜欢跳舞，每周都要举办多场舞会。宫殿大厅中布置着凉亭，周围开满芳香的橘花，还有一丛丛玫瑰，甚至还有临时喷泉。最著名的舞会叫作变形舞会，要求客人身穿异性服装跳舞。大多数朝臣不愿意穿奇装异服，因为绅士穿裙子看起来像纨绔子弟，而穿制服和燕尾服的女士也被束缚得十分别扭，只有伊丽莎白光彩照人。"男性服装十分适合伊丽莎白，"叶卡捷琳娜大帝后来回忆道，

▲ 阿列克谢·拉兹莫夫斯基，伊丽莎白的情人

▲ 圣彼得堡伊丽莎白女皇的夏宫

"她的腿型是我见过最好看的（远比男人的腿型矫健），还有一双匀称的双脚。她跳起舞来几近完美，女扮男装后如同英俊的男人一般潇洒。"

也许这些宫廷娱乐可以使女皇从纷繁的国事中暂时解脱出来。她很清楚需要寻找一位继承人。尽管被废黜的伊凡六世仍在监禁之中，但只要他还活着就是潜在的对手。伊丽莎白想将皇位严格控制在父亲的直系子孙中，但由于她没有合法子女，所以她想到了已故姐姐安娜的独生子，即荷尔斯泰因-戈托普的小彼得。她把小彼得带回俄国，让他接受东正教洗礼，给他聘请导师并指定他为继承人。但彼得讨厌俄国，因为他认为俄国远远落后于德意志，让人无法忍受。1745年，女皇为安抚小彼得，安排他与另一位德裔公主——安哈尔特-采尔布斯特的索菲结婚。这段婚姻根本不幸福，直到1754年，已经改名叶卡捷琳娜的索菲才生下一位继承人——未来的保罗一世。但当这个婴儿呱呱坠地的那一刻，女皇就立即把他从母亲的怀抱中夺走，完全剥夺了父母的抚养权，摧毁了这个家庭的幸福。他们只被允许每几个月看望儿子一次，而且还要感谢女皇大发慈悲。

保罗的到来正逢伊丽莎白身体状况每况愈下，但她却不肯承认自己年事已高，继续疯狂的宫廷娱乐，直到这些耗尽了她的精力。令人萎靡的头痛和眩晕最终迫使她必须卧床。1761年12月24日，伊丽莎白身患中风，在她生命的最后几个小时里，她进行祷告并且与彼得和叶卡捷琳娜，还有拉兹莫夫斯基——道别。第二天伊丽莎白去世，享年52岁。伊丽莎白的统治为俄国带来了稳定，但彼得三世继位几个月后便使他的第二故乡陷入动荡。

彼得三世

糟糕的另一半

想法太多，时间太少。

德里克·威尔逊 / 文

在彼得大帝皇位的男性继承人中，下一位是彼得三世，他在位仅半年。他给人留下的印象往往只是统治时间短暂，并非俄罗斯人，俄语也说得不怎么样，而且大多数人认为他不过是个一无是处的酒鬼。然而，他所取得或者说试图取得的成就却是值得记住的。

彼得的母亲安娜是彼得大帝的长女，长大后嫁给荷尔斯泰因-戈托普公爵查理·腓特烈，彼得出生后不久她就离世了。他们的德意志亲戚和家庭教师共同将彼得抚养到14岁，此时姨娘伊丽莎白女皇决定选择彼得作为皇位继承人并且把他带到圣彼得堡，然而少年彼得早已适应了德意志的生活方式。在伊丽莎白的安排下，他与在安哈尔特-采尔布斯特的远房表妹索菲·奥古斯塔结了婚；索菲皈依俄罗斯东正教，取

他下令东正教神甫要像路德教会的牧师那样着装。

终极惩罚

当俄国沙皇是桩危险的生意

在彼得大帝之后的15位男性、女性统治者中，有5位死于非命，这源于俄国政治体制中不稳定的权力结构。自己家族内部的对手、政治领袖、波雅尔贵族以及（19世纪的）民众起义等均会威胁到统治者的地位，这种不稳定性类似于罗马帝国最后几个世纪中的皇帝面临的处境。

政治暗杀背后无论涌动着怎样的非理性力量，统治者都会为自己的终极惩罚行为进行解释或辩解。以彼得三世为例，我们发现他的继承者叶卡捷琳娜大帝多年来提出了各种不同的理由，而且随着形势变化不断寻找新借口。起初她打出民族主义的旗号，声称彼得是外国人，对"我们祖国的所有子民……和我们的希腊正教"构成威胁。她对军队强调彼得在"七年战争"中改变立场是可耻的，然而，由于她逐渐沿用了彼得的外交政策，她不再斥责彼得在军事上的错误和出尔反尔，转而揭露他对丹麦发动的鲁莽战争。在她生命的最后，她又说她的丈夫缺乏统治者必备的政治品质，以此为她的政变辩护。当然，政客们都需要为自己的行为进行辩护，但那并不意味着我们可以相信他们。

▲ 彼得的妻子叶卡捷琳娜篡夺皇位，并且证明她是更合适的统治者

名叶卡捷琳娜,对于这个第二故乡,她比自己的丈夫表现出更大的兴趣。由于德意志和斯堪的纳维亚王室家庭之间关系复杂,彼得同时也成为瑞典王位的继承人,然而两国注定不会属于同一位统治者。

彼得在1762年继位,他在执政时优先关注的是欧洲事务以及巩固他在德意志的财产。欧洲国家纷纷卷入"七年战争",在这场大型军事冲突中,英国、葡萄牙、汉诺威、普鲁士以及其他德意志国家组成的同盟与法兰西、奥地利、西班牙、瑞典和俄罗斯组成的同盟相互倾轧。由于彼得仰慕普鲁士的腓特烈大帝,虽然与俄国利益不符,但他还是决定改弦易辙支持普鲁士。沙皇这一举措的结果是加速了战争的结束,并且戏剧化地改变了欧洲的权势平衡,法兰西的霸权遭遇重创,普鲁士成长为新兴的军事强国。尽管战争期间人员伤亡惨重,但彼得三世巩固了俄国在欧洲事务中的大国地位。

彼得在数年间用心思考俄国政治经济落后的原因,在他看来俄国需要"德意志化",虽然执政时间较短,但他却颁布了200多条新法规。很多新法规不切实际,甚至会扰乱社会秩序,例如他下令东正教神甫要像路德教会的牧师那样着装,并试图废除教会的标志。彼得也推行了很多开明的改革措施,例如规定宗教信仰自由,废除秘密警察,彼得甚至还想彻底改变俄国社会的结构。自彼得大帝时代以来,俄国出现了中产阶级士绅地主,并得到继任统治者们的支持,这在很大程度上是因为他们可以制衡波雅尔贵族。贵族士绅们有服兵役的义务,虽然这项义务使他们忠于皇权,但是也带来了土地管理的问题。彼得三世彻底废除了这项义务,敦促地主们自主照看他们的土地并且要求他们的子女接受高水平教育。然而这种改革没有进一步深入,社会的基本体制仍旧是农奴制。改革措施尽管触及一些积弊,如主人对农奴的生杀大权,但仍有数百万俄国农奴与土地和地主捆绑在一起,他们的真正解放尚需等待99年。

人们普遍认为彼得是一个残忍的享乐主义者,蔑视俄国和俄国人,精神也不太正常;很难想象他在186天的统治中推出了这么多改革措施。与他的妻子相比,彼得的名声确实很差。彼得和叶卡捷琳娜之间没有爱情,她更加聪慧且适应性更强,在治理国家方面比她丈夫更感兴趣。他们在17年的婚姻中生育了两个孩子,但后来叶卡捷琳娜称彼得并不是他们的亲生父亲。夫妻二人各自寻欢。

1762年夏,反对皇帝的情绪愈演愈烈,彼得的统治岌岌可危。彼得威胁要让近卫军服从更加严厉的纪律(与他的英雄腓特烈大帝倡导的纪律相符),这导致他与近卫军之间也越发疏远;而叶卡捷琳娜支持彼得的反对者,前提条件是要拥护她自己成为继任者。7月9日,宫廷政变发生,皇帝被迫退位,彼得被带到圣彼得堡以南约50公里的罗普沙宫。几天后传来死讯,死亡细节无从知晓,但几乎可以肯定他是被暗杀的。

叶卡捷琳娜二世

性、谎言和军事力量

一位势不可当的俄国统治者如何使整个帝国如痴如狂？

杰茜卡·莱格特 / 文

　　因为对祖国的巨大贡献和绝对忠诚，"叶卡捷琳娜大帝"名垂青史。她是俄国最伟大的统治者之一，在她统治期间，这个国家的领土史无前例地扩张并实现一系列军事成就，还迎来了俄罗斯启蒙运动。她统治的时期被人们认为是俄国的黄金时代，但她在位期间却充斥着玷污和诋毁她的大量丑闻、阴谋以及隐藏的真相。那么，在她执政时期到底发生了什么呢？

　　叶卡捷琳娜出生于1729年，是德意志破落贵族安哈尔特-采尔布斯特的公主，本名叫索菲。她的前程原本一片黯淡，然而，来自俄国女皇伊丽莎白的提亲信为她带来了曙光，信中向她母亲提议让索菲嫁给俄国皇位继承人荷尔斯泰因公爵彼得。索菲决意主宰自己的命运，欣然接受提亲。她学会了流利的俄语，这给伊丽莎白留下深刻印象，看起来她似乎是俄国沙皇的完美妻子。

　　相比之下，她的未婚夫却是糟糕的皇位继承人。彼得在德意志出生长大，直到14岁才被带回俄国，而且他厌恶俄国。他拒绝皈依俄罗斯东正教，索菲则在1744年皈依东正教并取了新名字——叶卡捷琳娜。一年后，这对新人在圣彼得堡结婚。在叶卡捷琳娜的回忆录中她说："我的内心猜到不会很幸福，唯有雄心壮志支撑着我。"

　　叶卡捷琳娜认为伟大在等待着她。相反，她的丈夫却是个醉汉，还会像小孩一样玩玩具兵。他们相互鄙视且婚后多年无夫妻之实。但叶卡捷琳娜不想浪费生命，她告诉自己要"通过我拥有的权利成为女皇"。

　　孤独和缺少爱让叶卡捷琳娜越来越绝望。婚后好几年他们都没有生下子嗣，伊丽莎白紧紧盯

▼ 叶卡捷琳娜为权力而战并且拒绝放手

着她，整个朝廷都在观望她的一举一动。她开始了一系列风流韵事，首先是英俊的公子哥兼廷臣谢尔盖·萨尔特科夫。伊丽莎白其实鼓励他们维持关系，她希望叶卡捷琳娜能尽快怀孕。

1754年，叶卡捷琳娜终于生下期待已久的继承人——保罗，然而他的身份至今有争议。叶卡捷琳娜在她的回忆录里暗示那是萨尔特科夫的孩子，尽管可能只是因为怨恨彼得故意这样说。无论如何，叶卡捷琳娜以未来沙皇母亲的身份稳固了她在宫廷中的地位。

然而，叶卡捷琳娜却只能看着伊丽莎白匆匆抱走自己的孩子并由她抚养。叶卡捷琳娜十分难过，而且她与萨尔特科夫的风流韵事也随着他被驱逐而结束。与此同时，彼得由于怀疑身边的人而行为变得越发愚蠢。叶卡捷琳娜无法容忍俄罗斯帝国在平庸的丈夫手中土崩瓦解。作为妻子，她已然履行了自己的职责，既然彼得治国无方，她于是开始策划取而代之。

1761年伊丽莎白去世，彼得继位成为彼得三世。叶卡捷琳娜是沙皇的配偶，但她想要独揽大权。彼得在伊丽莎白葬礼上玩游戏消磨时间的行为非常幼稚，支持叶卡捷琳娜的人数不断增加，而且叶卡捷琳娜公开悼念这位已故女皇的举动也为她赢得了诸多钦佩者。

彼得的其他举动更加不可原谅。他没有参加自己的加冕礼，并退出了"七年战争"——当时俄国即将取胜——把所有从普鲁士人手里夺取的土地原封不动归还。他的行为显然是对那些在战

▲ 描绘叶卡捷琳娜大胜土耳其的寓意画，1772年

当彼得到达蒙普莱西尔宫时发现这里空无一人,叶卡捷琳娜早已扬长而去,他终于意识到事情的严重性。

▲ 叶卡捷琳娜身穿军装,亲自领兵逮捕彼得三世

▲ 荷尔斯泰因公爵彼得和公爵夫人叶卡捷琳娜

争中牺牲或负伤的战士的不尊重，令军方感到不满。彼得还蔑视教会，对俄罗斯的长期盟友丹麦发动战争更激起了人们对他的愤怒。彼得大肆炫耀他的情妇伊丽莎白·沃龙佐娃，宣称要与叶卡捷琳娜离婚并剥夺他们儿子的继承权。

1762年4月，局势已经不可收拾。彼得在一次国宴上当众羞辱叶卡捷琳娜，指责她是傻瓜，致使叶卡捷琳娜当场流泪不止。当晚有传言说，酩酊大醉的沙皇怒不可遏地下令逮捕妻子，幸运的是，叶卡捷琳娜的叔叔荷尔斯泰因的乔治·路德维希公爵劝阻了沙皇。叶卡捷琳娜知道自己和儿子命悬一线，压倒骆驼只差最后一根稻草。

皇后知道政变成功需要一些有影响力的人站在她这一边。于是，她开始与一年以前就相中的伊斯梅洛夫斯基军团中尉格里戈里·奥尔洛夫搞暧昧。叶卡捷琳娜在选择情人方面理性而明智，奥尔洛夫除了有兄弟和卫兵阿列克谢帮衬，还具备能够影响皇家卫队倒戈支持她这一派系的政治影响力。叶卡捷琳娜和奥尔洛夫之间不仅有政治利益关系且彼此深爱，奥尔洛夫决心亲眼见证所爱之人登上王位。

然而有一件事会阻碍叶卡捷琳娜篡权：她发现自己怀上了奥尔洛夫的孩子。若是以前叶卡捷琳娜偶尔和彼得共寝的时候，尚可假称是彼得的孩子，但如今两人已经断绝往来，就不能这样掩盖了。这个事实绝不能为人所知，除非叶卡捷琳娜愿意冒险失去她宝贵的支持者；几个月里她尽量身穿肥阔的衣服以隐藏身孕，瞒住了她周围的每一个人。1762年4月，她秘密生下一个男婴并将其送到宫外抚养。

不久，彼得去奥拉宁鲍姆宫准备对丹麦的战争，而叶卡捷琳娜就住在附近的蒙普莱西尔宫。她的支持者已经做好了准备，其中有奥尔洛夫兄弟、众多卫兵和伊丽莎白的妹妹达什科娃公主，即便是受伊丽莎白委托监管保罗的政客尼基塔·帕宁也支持叶卡捷琳娜。由于他控制了她的继承人，如果她想使政变合法化，帕宁的支持至关重要。

彼得忽视了即将发生政变的传言，但在6月27日抓捕了一名反叛者。6月28日清早，害怕计划暴露的叶卡捷琳娜没来得及多穿几件衣服便匆匆爬上一架马车飞奔回圣彼得堡。她直奔忠于她的军队兵营，首先就是伊斯梅洛夫斯基军团。军团陆军上校基里尔·拉祖莫夫斯基深爱叶卡捷琳娜多年，军团成员发誓效忠于她，而那些抗拒者都被逮捕起来。篡位者一路前往冬宫宣誓就职，随即成为人们欢呼庆祝的新统治者。

当彼得到达蒙普莱西尔宫时发现这里空无一人，叶卡捷琳娜早已扬长而去，他终于意识到事情的严重性。绝望之下，彼得恳求已然反目的妻子，希望能够允许自己和伊丽莎白一起逃到荷尔斯泰因公国，但叶卡捷琳娜拒绝了。彼得又陷入了酩酊大醉、精神恍惚的状态，而叶卡捷琳娜已

为女皇招亲

谁是叶卡捷琳娜大帝的完美情人呢?

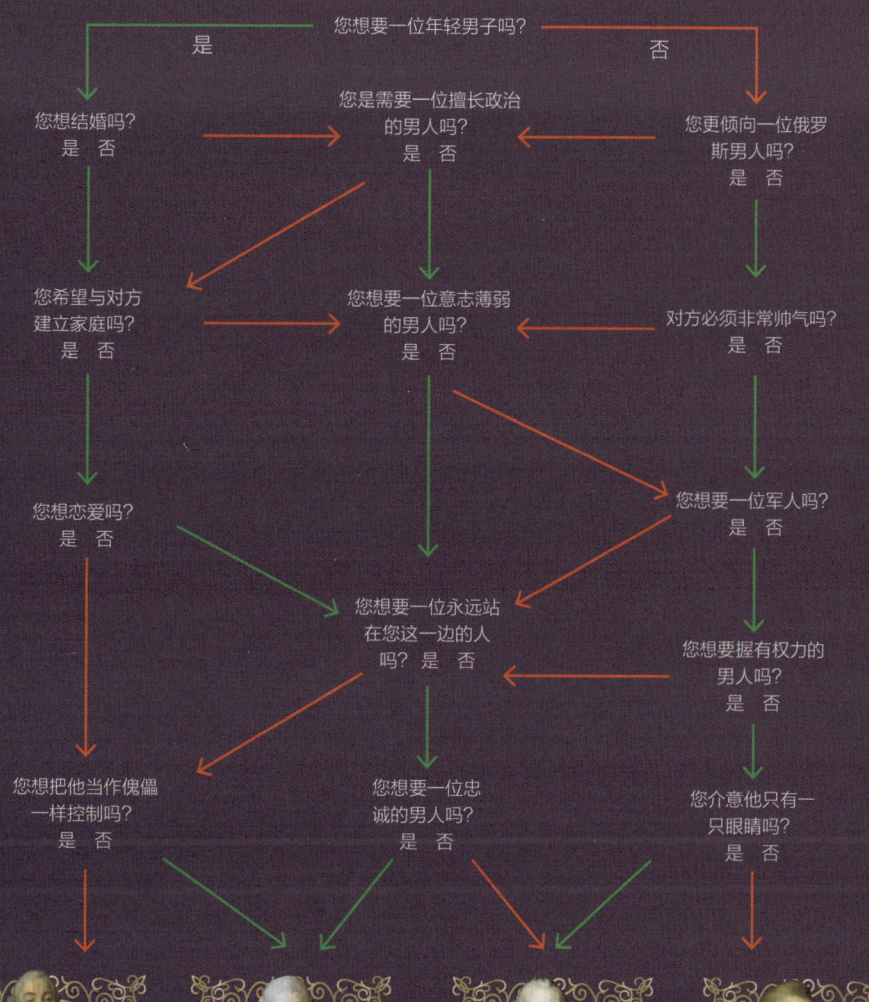

俄国的彼得三世

叶卡捷琳娜冷酷且幼稚的丈夫憎恨他的第二故乡俄国,执政几个月后便惹恼军队、教会和贵族。叶卡捷琳娜和彼得彼此鄙视,而且他威胁要休妻迎娶情妇。1762年叶卡捷琳娜废黜丈夫,彼得蹊跷死去。

斯坦尼斯瓦夫·波尼亚托夫斯基

当叶卡捷琳娜还是公爵夫人时便爱上了波尼亚托夫斯基,而且他们还有个私生女——安娜。在"七年战争"期间波尼亚托夫斯基被放逐,于是他们的绯闻表面上随之终止。但是他们仍然保持联系,波尼亚托夫斯基在叶卡捷琳娜的支持下当选波兰国王,尽管叶卡捷琳娜只是把他当作傀儡。

格里戈里·奥尔洛夫伯爵

奥尔洛夫是叶卡捷琳娜最强有力的支持者,他在1762年叶卡捷琳娜发动宫廷政变推翻彼得统治之时起到了关键性作用。十几年来他一直是叶卡捷琳娜的最爱,并且他们还有一个私生子——阿列克谢。奥尔洛夫失宠是由于叶卡捷琳娜发现他与其他女人有染,于是他被逐出朝廷。

格里戈里·波将金公爵

叶卡捷琳娜与波将金彼此相爱,尽管他们的爱情十分短暂。波将金同奥尔洛夫一样支持叶卡捷琳娜逼宫,他最终替代奥尔洛夫成为女皇的最爱。即使他们的暧昧关系结束,波将金也一直站在叶卡捷琳娜一边,担任朝廷重臣长达20多年,直至他52岁去世。

帝国的扩张

叶卡捷琳娜是如何扩张俄国版图的？

01 阿拉斯加殖民地　1766 年
叶卡捷琳娜给西伯利亚州州长写信，宣称阿留申群岛和阿拉斯加半岛的土著居民是俄国臣民。她指示俄国皮毛商人善待他们的新伙伴。此后，税务官员和俄国皮毛猎人一起前往阿拉斯加，政府批准在此进行皮毛狩猎探险。

02 第一次俄土战争　1768—1774 年
俄国和奥斯曼帝国之间一系列战争中的第一次是由于边界争端引起的。叶卡捷琳娜的胜利导致俄国扩大了在欧洲的影响力并获取了今天乌克兰的领土。土耳其人被迫接受克里米亚汗国的独立，这为叶卡捷琳娜日后吞并它提供了机会。

03 普加乔夫起义　1773—1775 年
叶卡捷琳娜篡权之后面临着大批冒名顶替者的反叛，其中由哥萨克人叶梅利扬·普加乔夫领导的反叛最著名。他声称自己是彼得三世转世，由于政府未将其视为合法性威胁，叛乱愈演愈烈。最后叶卡捷琳娜残酷地镇压了叛乱，致使成千上万反叛者死于非命。

04 第二次俄土战争　1787—1792 年
奥斯曼帝国仍未完全从 13 年前的战败中恢复过来之时，便向俄国第二次宣战。他们企图夺回此前他们输给俄国的土地，但还是以失败告终。1792 年，随着《雅西条约》的签署，土耳其人被迫放弃了 1783 年被俄国吞并的克里米亚。

05 波兰－俄国战争　1792 年
在波兰，与俄国敌对但支持改革的波兰立陶宛联邦与叶卡捷琳娜支持但反改革的塔戈维查联盟（Targowica Confederation）之间爆发了战争。叶卡捷琳娜对英联邦和普鲁士之间的新联盟感到愤怒，该联盟试图阻止俄国对波兰的干涉。波尼亚托夫斯基相信俄国最终会赢得胜利并寻求停火，这使他的同胞很愤怒。

06 俄国－瑞典战争　1788—1790 年
奥斯曼帝国与瑞典古斯塔夫三世结盟反对他的表姐叶卡捷琳娜。古斯塔夫想把她推翻，希望借此增强他在瑞典的威信；尽管取得了一些小胜利，但战争使瑞典负债累累。叶卡捷琳娜从这场冲突中也没得到任何好处，于是 1790 年双方达成了和平协议。

07 柯斯丘什科起义　1794 年 3 月
在第二次瓜分波兰后，波兰爆发了著名的反俄起义。俄国要求波兰人裁减军队之后，波兰军队总司令塔德乌什·柯斯丘什科发动了起义。7 个月后他被俘虏，起义被镇压，进而导致 1795 年的对波兰的第三次（最后一次）瓜分。

08 俄国－波斯战争　1796 年
1795 年波斯入侵俄国宣誓要保护的格鲁吉亚，于是叶卡捷琳娜发动了生平最后一次战争——俄国－波斯战争。由于波斯国王阿迦·穆罕默德·汗憎恨俄国，所以俄国希望废黜他而另谋亲俄的人取而代之。然而叶卡捷琳娜在其军队即将获胜之时驾崩，她的继任者保罗选择撤回俄国军队。

在冬宫外面身穿男士军官服整装待发，逮捕丈夫的时机到了。

顺利抓捕彼得之后，叶卡捷琳娜送给他一份退位文件，强迫他签了字。一周后彼得于罗普沙宫被杀，当时他在阿列克谢·奥尔洛夫看押之下。叶卡捷琳娜等了一天之后才正式宣布彼得死于"直肠绞痛"。但当彼得的遗体接受瞻仰时，人们看到遗体伤痕累累，他可能是被阿列克谢勒死的。在阿列克谢向叶卡捷琳娜报告彼得病情的信中，他非常不祥地说："我恐怕他今晚会死去，但我更怕他会活过今晚。"

人们怀疑叶卡捷琳娜弑君，她很担心负面影响会动摇自己的统治。她真的参与了刺杀彼得吗？这无法证实，但她现在的地位确实不够稳固，叶卡捷琳娜要独断独裁的权力，但她的一些同谋者如帕宁和达什科娃则更期望她以幼子的名义摄政。固执的叶卡捷琳娜最后还是在1762年9月举行了盛大的加冕礼，向世人清清楚楚地宣告她是大权独揽的女皇。

叶卡捷琳娜年少时便关注启蒙运动，她梦想着俄国的现代化。叶卡捷琳娜与当时法兰西一些最著名的哲学家（如伏尔泰和狄德罗）交流，这使得她有机会成为她渴望成为的启蒙运动领袖。然而，俄国眼下一片混乱，政治体制不健全和经济落后导致国家毫无生机地活在其他大国的阴影里，俄国需要彻头彻尾的全面改革。

叶卡捷琳娜想要引进更好的教育体系，建设新城市，发展俄罗斯文化，最好有可能废除农奴制。叶卡捷琳娜在西方哲学家的启发下，花了整整两年时间构思了她心目中的完美政府体系，然后她颁布《号令》，或称《伟大指令》，将其提交给立法委员会。该委员会成立于1767年，由来自社会各阶层的约500人组成。叶卡捷琳娜力推的启蒙思想表面上是为了振兴俄国，但实际上巩固了她的专制独裁地位。

1768年，这个委员会在颗粒无收的情况下最终宣布解散。这体现了叶卡捷琳娜执政的虚伪性——她希望被全世界视为一个开明的统治者，但事实却完全迥异。最明显的例子就是废除农奴制。叶卡捷琳娜曾经考虑在整个俄罗斯帝国改革或废除农奴制，但当下经济极大程度上仍依靠属于贵族们的劳动力，叶卡捷琳娜到底还是需要贵族的支持。结果除了农奴的部分权利稍微提高外，叶卡捷琳娜在位期间农奴的境况并无改善。

尽管如此，她还是取得了一些成就。她致力于提高俄罗斯教育水平并且使其与西方保持一致，城市和新的乡镇一律建立学院、图书馆和学校。俄国第一次为所有儿童提供免费教育——除了农奴——且课程表一律标准化。此外，叶卡捷琳娜还倡导妇女教育，1764年在圣彼得堡为年轻贵族女子设立了斯莫尔尼学院。

作为财力雄厚的艺术赞助人，她的个人艺术品收藏是当时欧洲规模最大的。1764年她在圣

▲《号令》或称《伟大指令》，勾勒出叶卡捷琳娜眼里俄国的未来

彼得堡建立用来保存她的大量艺术藏品的艾尔米塔什博物馆，自1852年对外开放以来一直是一个艺术和文化博物馆。她还引进西方文学，并鼓励外国艺术家和建筑师前来帮助俄国提升文化水准。心怀使命感的女皇甚至派遣俄国学者出国学习西方文化和社会知识，并把它们带回祖国。

外交方面，叶卡捷琳娜相较前任取得了巨大进步。她在位期间利用职位、金钱和权力回馈曾经的情人们，然而，她对待一个人极为特殊——斯坦尼斯瓦夫·波尼亚托夫斯基。他们在1755年开始恋情，当时他是英国驻俄国大使的波兰籍秘书，但在"七年战争"期间，因为俄国与英国支持的普鲁士为敌，他被迫离开，这段感情就此作罢。他曾想再续前缘，但叶卡捷琳娜知道那样很危险，于是告诉他："你那样做会使我们两个都被杀头的。"

到了1763年，波兰王位空缺，叶卡捷琳娜允诺让波尼亚托夫斯基继位，这是扩大帝国版图的完美机会。1764年在俄国军队威胁的助力下他当选国王。波尼亚托夫斯基随即企图推行一系列改革措施，这些改革并不在叶卡捷琳娜的计划之内；然而叶卡捷琳娜只希望波兰成为需要保护的弱国，她只需要她的前情人做傀儡而非一头独狼。1768年波兰发生叛乱，部分原因是反对俄国对该国的控制，叶卡捷琳娜以恢复秩序为借口入侵波兰。

叶卡捷琳娜对波兰的统治与普鲁士、奥地利，尤其是奥斯曼帝国都有关联，奥斯曼帝国在

启蒙运动

叶卡捷琳娜与其当代多位大家书信交流

伏尔泰

叶卡捷琳娜和法国哲学家伏尔泰素未谋面，却多年保持书信往来。伏尔泰因激烈批判法国君主制而闻名，但他却赞美叶卡捷琳娜是"开明的君主"，并称她是"北方之星"。有人将叶卡捷琳娜的书信解释为公共关系活动，这使她给欧洲留下颇为正面的印象。但实际上，叶卡捷琳娜还是位公主的时候就是伏尔泰的热情读者，所以称帝后的她是在非常荣幸地与其年少时期便开始追随的偶像交流。

冯·格林男爵

弗雷德里克·梅尔基奥尔，即冯·格林男爵，他之所以能够信步徜徉于巴黎进步文学圈是由于他认识让-雅克·卢梭。他为外国君主和贵族撰写紧跟18世纪法国时尚的文化通信报道。叶卡捷琳娜和格林保持长达26年的书信往来。格林为她提供发生在欧洲宫廷里的花边新闻，而叶卡捷琳娜会赞助格林偏爱的一些建筑师。尽管都有德裔血统，但两人用流利的法语保持书信来往。

德尼·狄德罗

另一位法国思想家狄德罗是启蒙思想权威著作《百科全书》的发起人之一，他因为对这部巨著的巨大贡献而闻名遐迩。当女皇得知他需要钱时，主动提出要买下他的藏书，然后任命他为终身管理人并提前付给他25年的薪水。1773年，狄德罗觉得需要亲自去答谢她，但是当他试图向她讲授治理俄国的最佳方案时，这趟行程就不了了之。显然叶卡捷琳娜叱责了他，但她仍继续资助狄德罗，直到他于1784年去世。

1768年爆发的俄土战争中被她多次打败，战争损失致使欧洲权力的天平更倾向俄国，这无疑让叶卡捷琳娜很高兴。然而在1770年到1772年莫斯科暴发的瘟疫和其后引发的暴乱使叶卡捷琳娜被迫寻求休战。

为了再平衡欧洲势力，俄国、奥地利和普鲁士均同意以波兰邻国的身份，在不必与波兰国王协商的情况下分割该国。结果叶卡捷琳娜为她的帝国瓜分到92000平方公里领土——相当于现代葡萄牙全境的面积。这就是1795年的第三次瓜分波兰，直接导致了波尼亚托夫斯基政府的垮台。一年后叶卡捷琳娜去世，而波尼亚托夫斯基则依靠女皇给他提供的养老金在俄国了却余生。

叶卡捷琳娜取得了1774年俄土战争的胜利后，与奥斯曼帝国的关系变得异常紧张。叶卡捷琳娜在俄国南部新获得的领土上建立了"新俄罗斯省"（今乌克兰一部分）。1783年当她吞并曾经的土耳其领土克里米亚时，引发了与土耳其的第二次战争。这次战争发生在1787—1792年，土耳其再次遭到重创，叶卡捷琳娜对克里米亚的统治更加稳固，这是她执政期间最伟大的军事成就之一。

在与波兰的战争以及第一次俄土战争期间，奥尔洛夫一直以叶卡捷琳娜情人的身份统治朝廷。宫廷政变之后的十年间，女皇赠予奥尔洛夫土地和官衔，并因他及时应对莫斯科瘟疫暴发而倍加赞赏。叶卡捷琳娜一度考虑与他结婚，但她后来意识到那样会引起太大争议。尽管奥尔洛夫并不能左右叶卡捷琳娜以及她对俄罗斯的统治，但她还是担心奥尔洛夫的权力太大。她知道他在政治上能力不足，于是她选择咨询帕宁。

奥尔洛夫与叶卡捷琳娜的亲密关系激起其他人的嫉妒并密谋离间他们，尤其是帕宁，他在1771年谋划使他的情敌下台。他的计谋得逞了，因为这使叶卡捷琳娜知晓了奥尔洛夫对她的

▲ 叶卡捷琳娜肖像，费德尔·罗科托夫绘制

种种不忠行为。怒火中烧且伤心欲绝的叶卡捷琳娜把奥尔洛夫逐出朝廷，他们的关系再也没有恢复。

与奥尔洛夫在一起时，叶卡捷琳娜还与格里戈里·波将金保持亲密关系。他们的风流韵事臭名昭著但过程一波三折。他们在宫廷政变之夜相识，叶卡捷琳娜将他提拔为贴身侍卫——一个方便他们经常见面的职位。波将金自此爱上了叶卡捷琳娜，而且与其他男人不同，他并不惧怕奥尔洛夫。

波将金很鲁莽，只要一有机会就对外公开他对叶卡捷琳娜的爱慕之情。她很享受这种关注，但也许是因为奥尔洛夫的缘故，她有些犹豫不决。然而她并没有阻止波将金，并且开始帮他铺垫仕途——他在朝中平步青云。

波将金眼睛受重伤以后突然离开了宫廷。叶

▲ 阿列克谢，叶卡捷琳娜的私生子，奥尔洛夫绘制

卡捷琳娜非常思念他，18个月后的1767年，女皇要求他返回。她任命他为军需官，然后提拔他担任重要的政治职位——立法委员会外族人民监护人。第一次俄土战争爆发时，波将金拼命要求去前线作战，叶卡捷琳娜虽然同意了申请，但却渴望他返回。

奥尔洛夫出征后，叶卡捷琳娜醉心于年轻的新恋人亚历山大·瓦西尔科夫，1772年波将金短期探亲返回时对她倍感失望。然而，叶卡捷琳娜对瓦西尔科夫的兴趣很快消失，随后她补偿给瓦西尔科夫一大笔抚恤金和土地，转而又回到波将金身边，此时他已经成为一位荣归故里的战争英雄。

1774年年初当波将金再次从宫廷消失时，叶卡捷琳娜终于接受了他们之间的爱情。波将金回来后他们再续前缘，当时叶卡捷琳娜40多岁，

而波将金比她小十多岁。军功赫赫的他是一位重要的顾问，也是第一个叶卡捷琳娜愿意与之分享权力的情人。她授予波将金众多军事和政治权力，包括新俄罗斯总督的职位，这意味着他拥有对该地区的绝对权力。

这对恋人往来的书信表明他们已经秘密结婚。在给波将金的一封信中，叶卡捷琳娜称呼他为"我亲爱的，甜蜜的天使，我的至爱亲朋，我的丈夫"，在另一封信里告诉他她"终身都是他的妻子直到坟墓"。他们是否真的结婚并无确凿证据，但那些书信和波将金在宫廷的影响力表明他们很有可能已经成婚。

不幸的是，他们伟大的爱情并没有持续多久。叶卡捷琳娜和波将金彼此热烈地爱着对方，但疲于嫉妒和不安全感导致他们的关系逐渐冷却下来。1775年叶卡捷琳娜另有新欢，但与她以前的恋人不同，波将金在余生中始终保持着对她个人和政治的影响力。据传说，他一直通过为叶卡捷琳娜寻觅新欢的手段而掌控她。

还有传言说，女皇的情人们需由一位女侍者预先审查他们的床上功夫之后才可以等候侍寝女皇。这可能是没有根据的诽谤，但叶卡捷琳娜嗜好男色的确众所周知。她强烈的性欲成为淫秽笑话和粗俗讽刺作品的焦点，引起俄国甚至西欧的口诛笔伐。波将金对她产生的影响也受到这种攻击，破坏了叶卡捷琳娜作为绝对统治者的形象。她的恶习暴露无遗，但是她的威信并没有因此而降低，她也不感到羞愧。

当波将金在海外前线指挥第二次俄土战争的时候，叶卡捷琳娜看上了虚荣的年轻士官普拉东·祖博夫。年仅22岁的他比当时60岁的女皇

▲ 围攻奥恰基夫是由波将金指挥的第二次俄土战争的关键一仗

小近40岁。他们的关系始于1789年，而且叶卡捷琳娜深深爱上了他。她很依赖他，也许是因为她年纪越来越大了，祖博夫的升迁速度比女皇以前任何一个情人都要快。然而，与这个玩物式男孩的恋情使这位衰老的女皇成为荒谬的笑柄。

1791年10月，叶卡捷琳娜收到了一个悲伤的消息。波将金在国外与土耳其人协商和平条约时因感冒而患上肺炎，几天后死去，叶卡捷琳娜伤痛欲绝。二十几年来，他一直是她的依傍，而现在她只能独自支撑下去。

女皇在生命最后的五年里一直与祖博夫过着荒淫无度的生活。祖博夫对女皇的执政起到至关重要的作用，这一点令他遭到鄙夷与嫉妒，而百官也无法理解叶卡捷琳娜为何会对他如此痴迷有加。在1796年4月俄国与波斯的冲突中，祖博夫甚至说服女皇让他的弟弟而不是经验丰富的将军指挥军队。尽管事实证明这是一个明智的决定，这位更年轻的祖博夫得胜而归，但不可否认，如今的女皇已经完全不同于30年前篡夺皇位的那个叶卡捷琳娜了。

但叶卡捷琳娜并没有看到战争的结果，她在胜利前的1796年11月去世。有关她死于肆无忌惮性行为的传闻旨在摧毁她的遗产和声誉，然而事实是叶卡捷琳娜突发中风，再也没有醒来。

这个充满传奇色彩的女人波澜不惊地走向生命的终点，人们会永远铭记墓志铭上的称谓——叶卡捷琳娜大帝。

保罗一世

推翻沙皇统治

保罗一世时期是沙皇俄国历史上最黑暗的阶段，他的怀疑和偏执最终引来杀身之祸。

格雷格·金 / 文

与母亲叶卡捷琳娜大帝的开明政治不同，沙皇保罗的统治残暴，专制独裁下掩盖着一颗不安的心。叶卡捷琳娜后来暗示官员谢尔盖·萨尔特科夫是保罗真正的父亲时，保罗瞬间失去了安全感。1754年保罗一出生便被伊丽莎白女皇从母亲身边带走，母子之间的感情纽带被割断，弃婴保罗在孤独中长大成人。保罗认为父皇被害与叶卡捷琳娜有关并且怨恨她登上皇位。

导师和神甫陪伴保罗度过童年，他们时常向他灌输关于他母亲的流言蜚语。保罗逐渐开始鄙视母亲的理性主义以及她的亲信，认为人与人之间不存在信任。急躁且善变的保罗批评女皇的执政行为，导致二人越发疏远。保罗第一任妻子是一位德意志公主，1776年公主难产身亡，短暂的婚姻生活结束。仅6个月后叶卡捷琳娜为他安排迎娶另一位德意志公主，符腾堡的索菲娅·多罗西娅，之后更名玛丽亚·费奥多罗芙娜，两个人育有10个孩子。

保罗对自己矮小的身材非常敏感，以至于他走路时总是踢正步，从不弯曲双腿。他相貌丑陋，皮肤黝黑，长着蒜头鼻，目光凶狠。他的性格阴晴不定、自相矛盾、多疑、专横，对周围的人很苛刻，经常在疯狂的愤怒中被爆发的怒火所驱使。1794年叶卡捷琳娜决定剥夺保罗的继承权，改由孙子亚历山大继位。叶卡捷琳娜虽有权决定继承人，但并没有对外公开她的选择；两年后叶卡捷琳娜去世，保罗没收并销毁了她的许多私人文件。

保罗甫一掌权，就开始推翻母亲制定的政策。他推出了新的继承法，确立男性长子继承制，以免再次出现女性执政；他还惩罚了叶卡捷琳娜的亲信。保罗颁布一系列令人震惊的法律，

▲ 保罗一世肖像画，弗拉基米尔·博罗维科夫斯基绘制

▲ 保罗一世在莫斯科的加冕礼

保罗和他的父亲一样崇拜腓特烈大帝和普鲁士军国主义。

仅在他上台第一年就有595项，这些法律削弱贵族利益，向军队施压，并且造成政府陷入长期混乱状态。虽然他放松了对农奴的限制，减少了他们的义务并防止骨肉分离，但他还是会把农奴奖励给自己喜欢的人。

保罗和他的父亲一样崇拜腓特烈大帝和普鲁士军国主义。他为军队定制了非常不舒服的普鲁士式新制服，还让他们长时间风雨无阻地操练；他热衷用酷刑惩罚他人，如果某位士兵稍有移动或没达到他的练兵标准就会遭受鞭刑、热熨斗烙印或流放西伯利亚。他甚至会躲在灌木丛中用望远镜查看有无任何失误。

保罗把他们当成用锡制成的玩具兵，他的外交政策每年都会变，令人眼花缭乱。他结束了和法国的长期战争，可一年之后再次对抗拿破仑；出现战况不利时，他又责备奥地利盟友，并宣布要和拿破仑并肩作战，同时解除与英国的外交关系，导致举国震惊。士兵们完全无法预测明天又会和谁成为敌人。最奇怪的是他想要派20000哥萨克士兵征战印度，好在最后不了了之。

国内统治同样混乱不堪。任何胆敢将房屋涂成红色的居民要面临流放西伯利亚的风险；穿法国燕尾服、戴帽子或者梳法国发型都被禁止，士兵们游荡在圣彼得堡各个街道搜查违法行为，隔离并逮捕公然反抗帝王着装规定的人；外国图书被禁；任何宣扬"集会""公民""社会"等字眼的人都会面临牢狱之灾；他怀疑有很多人在密谋反对自己，所以强制晚上9点宵禁，只对接生婆和医生除外。

重重压迫下的俄国局势紧张。人们推测皇帝可能精神不正常,他不时地出现幻觉,经常不吃饭,自言自语地来回游荡。英国大使报告说:"皇帝确实神志不清。"保罗严重怀疑妻子和大儿子在背后算计自己,他话里话外暗示可能会让第二个儿子康斯坦丁继承皇位。保罗直截了当地提醒亚历山大,彼得大帝杀了背叛自己的儿子。他还发出警告,不久后他迫于局势会"杀掉曾经视为珍宝的人"。

理所当然,担惊受怕的家人们开始背叛保罗。他妻子吐露道:"每天都有人抱怨毫无章法的统治方式。"保罗的长子亚历山大不知所措地说:"今天发布的命令一个月之后就撤销,蠢事数不胜数。他破坏公正,偏袒徇私,毫无治国经验,我可怜的国家风雨飘摇。"

特殊的皇室葬礼

保罗决心抹黑母亲,盛大的葬礼变成复仇大典

保罗在继承皇位的时候宣布:"我的母亲政事繁忙,无暇顾及父亲身后事。"新君王用古怪的方式纠正疏漏的行为,意味着反常的统治即将开始。他下令从圣彼得堡涅夫斯基修道院挖出彼得三世的灵柩,然后迁到冬宫安葬在叶卡捷琳娜大帝旁边。从莫斯科送过来的皇冠放在保罗父亲的灵柩上,母亲的灵柩则光秃秃地放在较低的架子上。自彼得大帝时代开始,罗曼诺夫家族的沙皇都安葬在彼得保罗要塞大教堂,保罗表面上安排叶卡捷琳娜的亲信护送两位君王的灵柩,实则是为了羞辱他们。那些疑似杀害保罗父亲的人和母亲生前的情人被迫抬着彼得的灵柩,年迈的阿列克谢·奥尔洛夫有勒死君王的嫌疑,他被安排走在最前面,手上托着王冠穿过冰冷的街道。

▲ 保罗一世在米哈伊洛夫斯基城堡前阅兵,亚历山大·伯努瓦 1907 年绘

米哈伊洛夫斯基城堡

起初是为实现保罗执念而建造的纪念碑,结果成为预言中的暗杀地点

保罗说这座建筑是神的旨意:有一天出现一位天使,告诉他拆除圣彼得堡伊丽莎白女皇的夏宫,为圣米哈伊尔建造宫殿,保罗遵从异象建造宫殿。拉斯特雷利精心设计的洛可可式夏宫被夷为平地,1797年米哈伊洛夫斯基城堡开始动工建造。意大利设计师温琴佐·布伦纳设计出了俄国最奇怪的建筑——开放式庭院被宫殿式的堡垒所环绕,拥有一条护城河和三座吊桥,为了迷惑刺客,堡垒内部布局错综复杂,有许多暗门、隐藏楼梯以及如迷宫般不知通向何处的走廊。保罗实在着急,还没竣工就要求搬进去;湿漉漉的墙壁放上挂毯,很快挂毯就因潮气太重而腐烂。潮湿的环境腐蚀了壁画、织物和家具,空气中似乎总有一层氤氲的薄雾。保罗从入住到受害仅40天时间,此后没有哪位皇室成员愿意住在这里,最后这里被改成了工程学院。

▲ 米哈伊洛夫斯基城堡鸟瞰图

到了1800年,保罗已经众叛亲离:士兵、政府官员、贵族、整个宫廷甚至自己的家人。混乱的外交政策、压迫性的法令以及不稳定的统治把叶卡捷琳娜大帝苦心经营的国家毁于一旦,讽刺的是,害怕阴谋的保罗反而因其悖乱行为导致人们真的开始反对他。圣彼得堡总督彼得·冯·帕伦伯爵是仅有的几个保罗愿意相信的人之一,可总督也决定密谋造反,此外他还找到朝臣尼基塔·帕宁、将军莱温·奥古斯特·冯·本尼希森以及叶卡捷琳娜大帝最后的情人普拉东·祖博夫共同起事。

帕伦冒着生命危险偷偷将他们的密谋告诉了保罗的长子同时也是继承人亚历山大,希望获得皇室支持。起初亚历山大不想加入,但后来父亲的精神越来越反常,政治也日趋糜烂,最终他决定参与其中。帕伦承诺会保他父亲一命,密谋者们打算一起面见皇帝,要求他禅位给亚历山大,之后只要不干涉下一任君主的统治,想在哪个宫殿里过安宁的生活都可以。在亚历山大的配合下,密谋者们按计划行事。帕伦私下向亚历山大透露如果发生意外,在必要时刻会使用武力:"要做一个煎蛋卷,你必须打碎几个鸡蛋。"他对事情做出了不详的预估。

1801年年初,保罗住在圣彼得堡尚未完全

▲ 杀害保罗一世的凶手

▲ 玛丽亚·费奥多罗芙娜皇后

竣工的米哈伊洛夫斯基城堡里,而家人们在他警惕的目光下度日如年。3月10日晚紧张的气氛一触即发。音乐会之后保罗大跨步走到妻子身边,用一种非难的眼神令人不安地瞪着她,然后故意背过身去。儿子们试图亲吻他的手背,他立刻甩开然后离开房间,玛丽亚·费奥多罗芙娜失声痛哭起来。

第二天晚上,在亚历山大保证城堡守卫不会阻拦的情况下,密谋者开始动手。保罗就寝前说他看到了奇怪的景象:镜子中自己的脖子貌似被什么东西缠绕着。此时城堡四周黑漆漆的,一群士兵和密谋者大步向前,收受贿赂的仆人们一路放行。这支不到12人的队伍通过小型螺旋梯直抵皇帝的寝殿,卧室门外的两位男仆看到这群暴徒,一个当场晕倒,另一个拔腿就跑。

保罗听到了越来越近的嘈杂声。密谋者们冲进房间,结果发现里面空无一人。本尼希森在一根蜡烛的微光下发现屏风后面有人光着脚,随后拉开屏风找到了瑟瑟发抖的保罗,然后和祖博夫一起把他拽到桌子前。帕伦说:"你的好日子到头了,我们以亚历山大沙皇的名义逮捕你。"说完拿出禅位文件,可保罗拒绝签字。

接下来具体发生了什么仍旧是个谜。根据普遍的说法,保罗试图逃跑,其中一位密谋者为阻止保罗,朝他扔了一个沉甸甸的金质鼻烟盒,被击中头部的保罗踉跄摔倒,倒下时撞到了桌角。保罗受了严重的外伤,但意识依然清醒,他用法语冲其他人喊道:"先生们,看在上帝的分上饶了我吧!至少先让我跟上帝祷告!"其中一人用围巾紧紧地缠住保罗的脖子,最后活活勒死了他。听到噪声的亚历山大冲进卧室看到父亲毫无生气的身体,瞬间泪流满面并抽泣着说:"人们会说是我杀了自己的父亲!" 帕伦双手抓住他的肩膀冲他喊道:"别太幼稚了!去开始你的统治吧!"

亚历山大一世

战争与和平

自小承载着俄国最伟大帝王期许的神秘沙皇亚历山大一世，终其一生戴着面具生活。

尼克·索尔丁格 / 文

1807年6月25日，一艘单层结构的特殊木筏停留在蒂尔西特（今苏维埃斯克）的涅瓦河中央。木筏上面有一个用鲜花装饰的会客厅，它有着华丽的屋顶，还有两个精心雕刻的风向标，一个是法国雄鹰的形状，另一个是俄国棕熊的形状。固定在河中央的木筏是拿破仑·波拿巴要求木匠搭建的，看起来就像漂浮在水面的舞台，拿破仑要在这里会见的正是当时最伟大的演员：俄国沙皇亚历山大一世。

经过两个小时的高峰会谈，双方达成了和平条约，同意终止法俄之间连年的战争。在这些战争中俄军被法军击溃，欧洲局势也随之转变。当时最精明的政治家拿破仑在会谈之后评价亚历山大："这位君王聪明、友好，且受过良好的教育；但是他虚伪、狡诈，绝对不能相信他。"拿破仑一语成谶。不到5年，亚历山大就撕毁条约，法俄之间爆发了代价更高的战争，也是决定生死存亡的一战。1807年在漂浮木筏舞台上签署条约的时候，亚历山大并不知道他已经为自己日后成为史诗般事件的主角做好了铺垫。

亚历山大的表演技能始于童年，那是出于切身的需要。亚历山大的母亲是符腾堡公主玛丽亚·费奥多罗芙娜，父亲是聪慧且专制的叶卡捷琳娜大帝的儿子保罗·罗曼诺夫。在他出生后，祖母亲自抚养他并给他起名亚历山大，名义上是为了纪念俄国英雄亚历山大·涅夫斯基。但实际上叶卡捷琳娜心中崇拜古代的伟大征服者亚历山大大帝，希望有一天可以把孙子塑造成一统俄国的帝王，和2000年前的同名英雄一样名垂青史。

亚历山大一头金发，英俊、聪明，可是小时候时常受到家族复杂关系的困扰。叶卡捷琳娜为

▼ 叶卡捷琳娜大帝的孙子亚历山大统治期间抵抗拿破仑·波拿巴及法军的入侵,最终于1812年获得胜利

上帝的使命

莫斯科沦陷后，亚历山大利用基督教安慰自己并成为狂热的宗教信徒

孩童时期的亚历山大通过共和派导师弗雷德里克·德拉·阿尔普学习了关于自由主义和启蒙运动的进步思想。和那个时代的其他人一样，阿尔普的教导停留在抽象理论层面，而不像如今的政治及社会科学那样讲求具体方法。于是，亚历山大一世开始时是一个思想开放的开明改革家，最后却成为宗教狂热分子。

有几个原因促使亚历山大发生思想转变：谋杀生父的内疚；亲自上阵指挥奥斯特利茨战役导致数万将士阵亡的责任；抵御历史上最伟大的人物之一拿破仑·波拿巴的数次入侵带来的精神压力。这些事情都深深地印在亚历山大的脑海里。

1812年9月14日莫斯科沦陷的消息让他彻底跌入谷底，生父惨死的场景再次浮现眼前，他觉得俄国遭受入侵是父亲被杀带来的报应。亚历山大与他的密友亚历山大·戈利岑公爵诉说这个疯狂的想法，然后又打开《圣经》寻求帮助，他迷信地把书扔在地上，再随机翻开一页。他翻到的是《诗篇》第91章："他是我的避难所，是我的山寨，是我的神，是我所倚靠的。"

亚历山大从未如此沉迷宗教，但他此刻是如此绝望，以至于他像一个溺水的人抓住救生筏一样抓住这些模糊的词语。之后他给朋友写信重新表达自己对基督教的感受："我狼吞虎咽地读了一遍《圣经》，觉得自己如获新生，感受到前所未有的平静。"自此以后，他告诉任何愿意倾听的人，他是在执行上帝的使命。

国家社稷对孙子倾注了所有母性关怀，却不曾对自己的儿子这般爱护。俄国法律允许君主指定继承者，叶卡捷琳娜因保罗保守的政治立场和反复无常的性格而反感他，认为他无法成为明君，所以打定主意——至少在私下里——要让亚历山大继承皇位。

家族内部的分裂对亚历山大性格的形成起到了决定性作用。夹在祖母和父亲之间的他十分痛苦，他渴望讨好所有人，早早学会了如何八面玲珑，懂得根据身边人的特性改变自己的看法和个性。他很快就明白要根据不同的场合佩戴相应的面具。

可能这个男孩从小到大唯一信任的人就是瑞士家庭教师弗雷德里克·德拉·阿尔普。叶卡捷琳娜亲自挑选了拥护共和主义的阿尔普做孙子的导师，她知道阿尔普不支持君主政治，但她也知道，至少目前来看让俄国民众接受另一种政府为时尚早。对于未来，她的观念和阿尔普进步的人文主义观念是一致的，如果罗曼诺夫王朝想生存下去，就必须接纳这些开明的价值观。叶卡捷琳娜的眼光一向精准。

亚历山大的童年和就学的时光并没有持续多久，叶卡捷琳娜显然十分渴望他能快速成为合格的继承人，甚至连婚姻大事都要早早办理。还不到15岁的孙子被安排会见两个妹妹——德意志的巴登公主——13岁的路易丝和11岁的多萝西娅，叶卡捷琳娜直接告诉他选择一个结婚。最后亚历山大选择了姐姐路易斯，皈依俄罗斯东正教之后她更名伊丽莎白。1793年两人喜结连理，新郎17岁，新娘14岁。

随着时间飞逝，亚历山大越发感到将来接替叶卡捷琳娜的压力，而他也就越发不愿意继位沙皇。他痛恨自己生在帝王家，想逃离这个令人窒息的环境，和娇妻浪漫地隐居在莱茵河畔。他给好朋友写信时袒露道："我发现自己不是为现在

的头衔而生的,更不是为注定的身份而生的。我发誓无论如何要拒绝这件事。"可生为皇子就必须承担皇室责任。亚历山大就像他有朝一日要统治的数百万挣扎的农奴一样,被僵化的传统和落后的体制牢牢锁住,终其一生想要摆脱祖母强加在自己身上的职责。

1796年叶卡捷琳娜大帝突然中风去世,据说她在去世之前正打算宣布由亚历山大继位。如今上位的是她的儿子保罗,俄罗斯帝国一度笼罩在阴暗之中。保罗一登基便引起所有人的不满,从农民到军人再到贵族,无一例外。他颁布的一系列专制法令极大地削弱了叶卡捷琳娜制定的多数开明政策,俄国民众怨声载道,而有权有势的人开始谋划推翻他。

他的行为激起众怒,引起政变其实只是时间问题,贵族们正在着手酝酿推翻保罗的统治。

▲ 乔治·道绘制的亚历山大一世像,展示了他的军事荣誉

▼ 这幅布面油画描绘了1801年的莫斯科红场,体现了亚历山大一世统治时期的繁荣景象

▼ 拿破仑及军队在战火连天的俄国，1841年绘

1801年3月11日晚，一群武装分子冲进圣彼得堡米哈伊洛夫斯基城堡的寝殿，杀死了保罗。

罪恶感深深折磨着亚历山大，可他几乎没有时间哀悼。登上皇位12天之后，他开始撤销父亲惹起众怒的法令，恢复贵族和普通大众的特权和权利。年少时的人文主义教育使他成为欧洲启蒙运动中的理想主义者，如今他召集了一群志同道合的好朋友和顾问，打算找出推动俄国向前的最佳路径。

亚历山大的智囊团在两年内创办了替代旧式机构的新政府部门，建立所有人均可上学的先进教育体制并放宽了审查制度，还颁布了改革俄国农奴制的新法条，允许农奴在获得地主同意的情况下赎买其人身自由。

不过，在外交政策方面，亚历山大乾纲独断。俄罗斯帝国最大的威胁来自新上台的法国皇帝拿破仑·波拿巴。1805年4月，英俄结盟以共同阻止拿破仑对外扩张的势头，在大革命和对

抗法国拿破仑的战役中遭到重创的奥地利帝国随后也申请加入联盟。生死决斗在所难免。1805年12月2日,战争在当时奥地利帝国的奥斯特利茨(今属捷克)爆发。

奥斯特利茨战役也被称为三皇会战,一方是拿破仑,另外一方是奥地利的弗朗西斯二世和沿用古代伟大战士姓名的俄国亚历山大一世。可能是受到祖母期盼自己成为军事领袖的鼓舞或者嫉妒拿破仑的军事荣耀,亚历山大御驾亲征,无视战功赫赫的陆军元帅库图佐夫提出谨慎行事的建议,事实证明这是一个灾难性的决定。

亚历山大眼睁睁地看着俄国军队溃不成军,为保性命他不得不逃离战场。16000名士兵伤亡,9500名被俘。俄军人数比拿破仑的军队多将近2万人,毫无疑问拿破仑大获全胜,而亚历山大深受打击,绝望的耻辱如噩梦一般在他的余生中萦绕不散。

从此他退出战场,专心做擅长的事情——外交。虽然军事一败涂地,但亚历山大善于对拿破仑阿谀奉承。战争结束后亚历山大派信使给拿破仑传话:"告诉你们的君王我要前去拜访,他创造了奇迹……这场战争让我对他肃然起敬;他真是天之骄子,我要花上一百年才能和他平起平坐。"

显然他并不需要100年才能赶超拿破仑,但当时的确需要大量时间养精蓄锐。他将军队撤回到俄国境内,无助地看着拿破仑肢解奥地利帝国,建立傀儡王国,为法国索取其中最有价值的部分。1807年夏,拿破仑再次盯上了俄国,而亚历山大安排在涅曼河的漂浮木筏上与拿破仑面对面会谈。

亚历山大签署了和平条约,承诺配合拿破仑对英国的大陆封锁计划。发展迅猛的英国正在变成一个全球超级大国,而俄国加入拿破仑封锁计划将导致本国经济受损,出口贸易下降至少20%,这是亚历山大无法负担的代价。到1812

亚历山大越发感到将来接替叶卡捷琳娜的压力,而他也就越发不愿意继位沙皇。

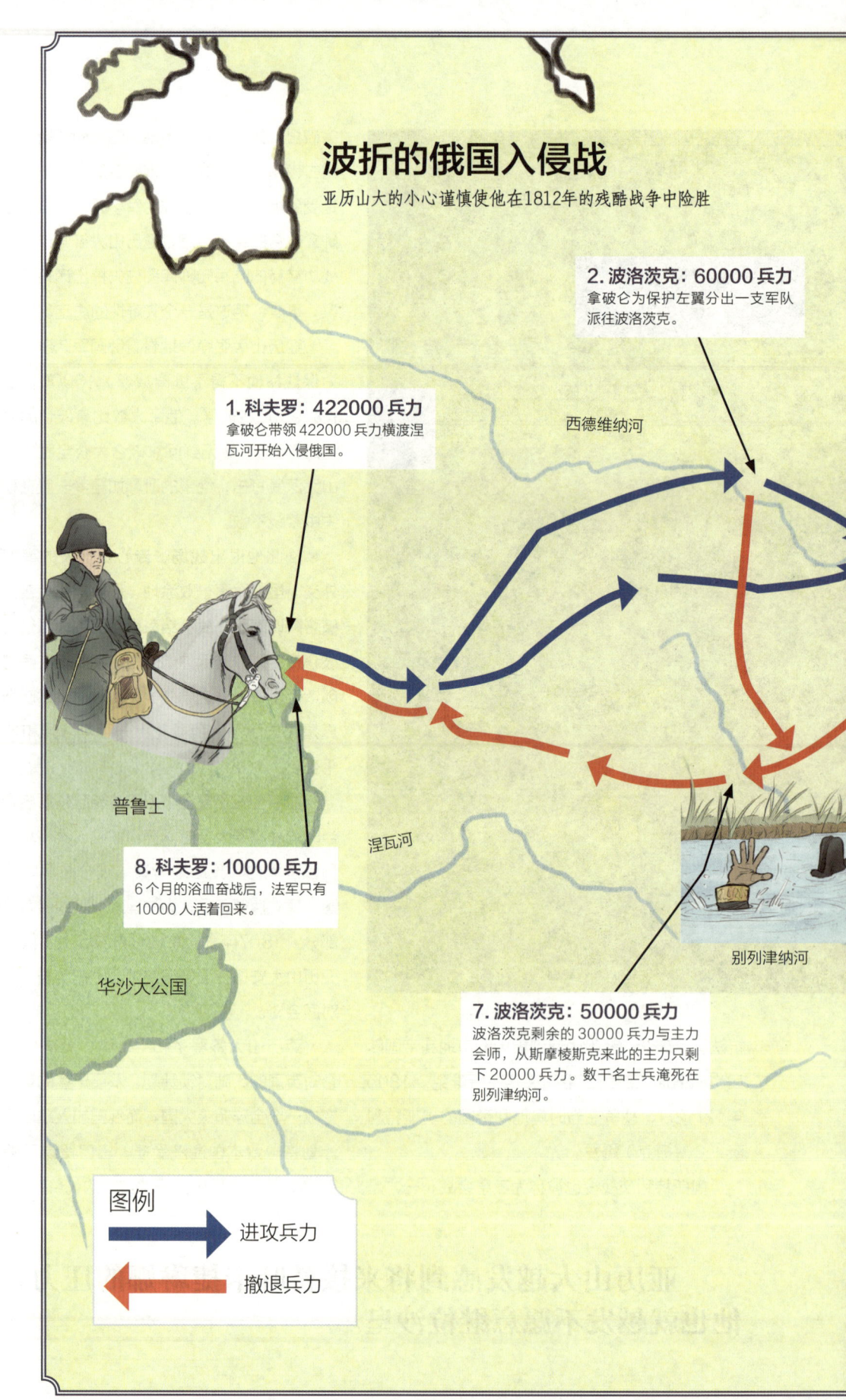

4. 博罗季诺：130000 兵力
法军凭借剩余一半的兵力和俄军在博罗季诺开战，又损失 30000 兵力。

3. 斯摩棱斯克：175000 兵力
入侵数月之后，法军饱受饥饿、疾病和荒芜的折磨。

莫斯科河

奥卡河

第聂伯河

6. 斯摩棱斯克：37000 兵力
拿破仑军队原路撤退再次经过斯摩棱斯克，饥荒夺去众多士兵的性命，伤兵也被抛弃了。

5. 莫斯科：100000 兵力
9月14日仅剩下 1/4 兵力的拿破仑领兵攻到莫斯科，发现一切都被烧毁了。法军苦等一个月也没等到亚历山大一世投降的消息，10月18日拿破仑带着饥饿和沮丧的部队撤军。

第聂伯河

亚历山大众多将士十分渴望和拿破仑痛痛快快地打一仗，可奥斯特利茨一战如幽灵一般吞噬着这位沙皇。

·117·

年，尽管俄国经济困难，亚历山大还是把军事开支增加了一倍；俄国只有杀出一条血路才能挣脱拿破仑协议的限制，亚历山大终于决定不再支持大陆封锁计划，而拿破仑的复仇也只是时间问题。

1812年6月12日，拿破仑率领42.2万人的大军横跨涅瓦河抵达俄国。尽管亚历山大努力实现军事现代化，可是俄军仍无法与拿破仑的强大军队匹敌。亚历山大只有不到20万士兵，但他还是决心直面拿破仑的挑战。第二天他写信给元帅萨尔特科夫伯爵发布命令，信的最后他发誓道："只要还有一个敌人站在我方国土上，我定将奋战到底。"历史上最具影响力的事件之一即将拉开帷幕。

亚历山大众多将士十分渴望和拿破仑痛痛快快地打一仗，可奥斯特利茨一战如幽灵一般吞噬着这位沙皇。他决定放长线钓大鱼，这次他采用陆军元帅巴克利·德·托利提出的战略撤退计策，每离开一座城市便放火烧焦土地，留给法国人的只剩一片焦土。

拿破仑的军队在俄国长途跋涉，毫无希望地寻找俄军，想要一击即中迫使亚历山大投降。但三个月来连俄军的影子都没有见到。

法军距离俄国故都莫斯科只有70英里时，俄国皇家军队终于现身。此时俄国领军人是陆军元帅库图佐夫，亚历山大曾在奥斯特利茨战役中强烈反对的人。如今的库图佐夫命令在博罗季诺村附近建立一个据点，1812年9月7日，拿破仑终于得以在此和敌军一决高下。

一阵腥风血雨的激烈战斗之后，硝烟散去，俄军大约损失了45000人，约占总兵力的1/4，而法军伤亡人数将近30000。虽然拿破仑再次取得胜利，但法军日益严重的后勤问题却更加恶化了。

拿破仑在莫斯科城门苦等了一星期也没等来

▲ 亚历山大和妻子伊丽莎白的袖珍画像

亚历山大的投降，他们开进了莫斯科，却发现这里已经被遗弃了。这天晚上，这座城市遭受了与法军在三个月间穿越的不毛之地相同的命运——熊熊烈火吞没了莫斯科。大火燃烧了整整4天，3/4的城市成为废墟。拿破仑终于感到绝望，他写信给亚历山大谈判求和，可杳无音信。之后他又发了两封，也完全石沉大海。

到了10月，拿破仑粮草储备告急，而大军的冬季驻扎地现在已经成了废墟。因为害怕大军被俄国的寒冬吞没，他下令饥饿的军队离开莫斯科回撤700英里，再次穿越这片他们曾经战斗过的寒冷、荒芜的大地。他们一路上遭受哥萨克袭击者的骚扰，杀气腾腾的俄国寒冬令他们感到窒息。

这是史上最惨痛的军事灾难。到11月时，剩下的士兵回到涅瓦河畔，他们曾在骄阳似火的夏天士气高涨地渡河冲进俄国。拿破仑带领当时全世界最庞大军队的将近50万士兵进攻俄国，5个月后再次回到这里时，只剩下不到1万个冻僵的可怜人。

俄国土地上大战结束了，但亚历山大决定要找法国报仇雪恨。俄军开始出击，想要彻底摧毁拿破仑。亚历山大在欧洲各地穷追猛打剩余的法军，一路上推翻拿破仑扶植的暴发户君主并恢复旧制。

1814年3月19日，亚历山大带领同盟军冲进巴黎，震撼了整个欧洲。在伦敦，他成为英国未来女王的教父，她接受洗礼后根据他的名字取名为亚历山德里娜·维多利亚；在柏林，最大的广场以他的名字命名；在巴黎，人人称赞俄国沙皇的开明理念。如今的亚历山大名扬四海，在他一生中扮演的所有角色中，他最引以为傲的就是凯旋君主的角色。

他从巴黎来到维也纳，那里正在召开会议，讨论既然拿破仑的噩梦已经消散，那么未来的欧洲版图该如何规划。这位出色的演员和那个时代最精明狡猾的外交官们一起登上了世界舞台，他出色地扮演了自己的角色，巧妙地掩饰了自己的真实感受和意图，以至于人们都称他为"狮身人面亚历山大"。维也纳会议结束后，他俨然成为超级巨星。离开维也纳之前，除了收入囊中的广袤领土，他还获得了55个头衔。

回到俄国的他早已脱胎换骨，战争使他变得坚强，也使他对未来的入侵保持警惕。为此他推行军屯制度，建立了庞大且成本低廉的军事储备系统。

士兵们既可以提供军事服务还能从事农业生产，亚历山大认为这是人人获益的好办法。士兵们和家人住在一起，军队还能自给自足，同时在军规的保障下这些定居点几乎无犯罪记录。实际上，这些军事社区更像是战俘营，就连最细微的事情都需要听令行事。男孩7岁就要参军，从此以后要服从军官的要求而不是父母。这些令人难以忍受的条件很快导致了骚乱，有关叛乱和阴谋的谣言渐渐传入亚历山大的耳朵，曾经开明进步的君主开始彻底改变自己的想法。

他变得不再宽容和开明，反而加强了审查制度，监视或流放所谓的思想自由者。他的整个政治信仰体系崩溃了，再加上父亲被谋杀和成千上万士兵为他而死的内疚，这一切似乎再次唤醒了他早年对自己命运的质疑。他写道："不站在我的位置的人无法理解我的感受。我要在上帝面前为每位士兵负责。我根本不想当沙皇，如果我能以我的荣誉换得另一种生活，我会非常乐意。"

▼ 拿破仑像，19世纪法国最著名画家让－奥古斯特－多米尼克·安格尔绘于1806年

▲ 莫斯科燃起大火，法军最后只能抢劫

40多岁的亚历山大深深地陷入了自我怀疑的泥沼，他不确定下一步该扮演什么角色；难以置信的是，居然是他的妻子伊丽莎白拯救了他。他们生过两个孩子，可惜都在襁褓中死去，夫妻二人已经分居多年。直到现在，他才发现妻子是真正了解且忠于自己的人。

然而，伊丽莎白却在此时被确诊患有肺结核。亚历山大带着重归于好的妻子远离潮湿的皇宫所在地圣彼得堡，来到更加温暖的南部地区。

亚历山大提前动身为妻子准备好一切，他搬进了黑海海滨的一栋单层石砌宅邸，据说他还亲自打扫花园小径，帮忙搬运家具。伊丽莎白到来之后，夫妻俩终于过上平静的生活。然而，这段美好的田园生活十分短暂，伊丽莎白已经病入膏肓，但亚历山大却先行一步。享受了两个月迟来的家庭幸福后，1825年11月1日，亚历山大因重感冒而去世，6个月后伊丽莎白也随他而去。

他最引以为傲的就是凯旋君主的角色。

亚历山大死亡之谜

沙皇会为梦寐以求的简单生活而伪造死亡真相吗？

亚历山大一世的最终命运是有关俄国君主历史最悠久的阴谋论之一。难道他真的如史书所说在47岁时因感染普通感冒而去世吗？两个世纪以来，一直有传言说亚历山大是为了过上普通公民的生活而伪造了自己的死亡。

有传言描述道，沙皇去世当晚，屋外的守卫看到一个神似亚历山大的人溜出来匆匆跑远。在之后葬礼期间，亚历山大的棺材没有打开过，人们不禁猜测里面可能是空的。多年后，在西伯利亚出现了一位名叫费奥多尔·库兹米奇的宗教隐士，他身材颀长，受过良好的教育，有一双澄澈的蓝眼睛，似乎对亚历山大一世统治时期宫廷生活的细节颇为了解。据说，他和俄国沙皇实在太像，甚至有一位退休的朝臣叫道："上帝呀！这就是沙皇亚历山大！"

亚历山大一世影响力颇深且极其神秘，为此西伯利亚警察立即逮捕并审讯了费奥多尔·库兹米奇。因为库兹米奇并未犯罪，也没有实质性证据说明他就是亚历山大，所以他被无罪释放了。如果库兹米奇就是亚历山大，那么他的确可以平静地度过最后的40年，摆脱从小就不愿承担的历史责任。或者这只是巧合吗？还是库兹米奇一直在扮演亚历山大向往的角色？前者的可能性更大，不过亚历山大非常善于表演，因此还是有很多人相信他以某种形式远离了历史的深渊。

尼古拉一世

宫廷灾难

尼古拉一世同父亲保罗一样自律，他既见证了帝国到达光荣的巅峰，也看到了它落入自残灾难的深渊。

格雷格·金 / 文

尼古拉一世被称作"欧洲宪兵"，这并非没有道理。心胸狭隘、十分保守的他从未想过登上皇位统治俄国。自1796年出生以来，他一直被按照士兵的要求培养，尼古拉的导师经常打骂直至他屈服，结果他慢慢养成了多疑且略带偏执的性格，且登基后这种性格特征越发明显。

作家亚历山大·赫尔岑回忆说，这个男孩长大成了男人，他的相貌英俊中带着冷酷。正如他的脸"体现出桀骜不驯的愿望"，眼神中"完全没有同情心"。1817年，尼古拉与普鲁士的夏洛特公主结婚，她接受东正教洗礼后改名亚历山德拉·费奥多罗芙娜，他们是罗曼诺夫家族中最忠诚于彼此的夫妻。但家庭的幸福感也无法治愈尼古拉登基所带来的创伤。

1825年11月19日，尼古拉的哥哥亚历山大一世去世并且没有指定合法继承人。依据法律，皇位本应传给尼古拉的大哥康斯坦丁，但在1819年，康斯坦丁已经秘密放弃了继承权而与平民结婚。亚历山大死后，尼古拉极力逃避他并不想要的继承权，并宣誓效忠康斯坦丁沙皇。12月13日，当政府宣布康斯坦丁已经拒绝皇位，尼古拉继任沙皇时，俄国举国震惊。人们认为发生了政变并且希望借机推动改革，大约3000多名皇家卫队军官以及他们的贵族领导人当晚在圣彼得堡参议院广场集会，高喊他们的诉求："康斯坦丁和康斯蒂图西亚（宪法的俄语）！"——部分天真的士兵竟然认为"康斯蒂图西亚"是康斯坦丁的妻子。

本没想继位的尼古拉在皇位和暴民制造的混乱之间进退维谷。最后他决定亲自解决暴乱。他在飞身上马奔向参议院广场之前说道："我要么当沙皇，要么就会死。"反叛者占据了广场一

▼ 尼古拉一世的肖像

▲十二月党人起义

侧,9000多名忠诚的士兵在另一侧对峙。尼古拉派遣一名副官与叛乱分子理论,有人大声辱骂,还有人向他开枪,但显然沙皇还不愿对他的臣民动手。数小时后,夕阳西下,他才下令炮兵开火,将士们向反叛者发起冲锋。反叛者仓惶逃窜,跌入满是碎冰的涅瓦河,无人知道究竟有多少死伤者。那晚,尼古拉说:"我成了皇帝,可这是多么大的代价呀!"这场被称为"十二月党人起义"的事件对他的统治产生了可怕的影响。

尼古拉在位24年间取得不少辉煌的胜利。1838年俄国建成第一条铁路,这是一条从圣彼得堡延伸到沙皇村的支线;4年后连接首都与莫斯科的路线也开工了。1829年俄国军队取得对波斯和对土耳其战争的胜利,赢得高加索和中亚的大片领土。尽管尼古拉不太情愿做出实质性的改革,但还是努力改善农奴生活水平。然而,俄罗斯帝国在早期工业发展和政治进步方面严重落后于欧洲对手,19世纪的俄国金玉其外,败絮其中,本质上仍然是一个实行中世纪专制统治的农业国家。

"十二月党人起义"在尼古拉心中打下了深刻的烙印。他变得同父亲保罗一样多疑,开始把他的帝国当成军队来管理:规范、命令和部署民众以期服务皇权。以前,俄国曾试图效仿欧洲理念并欣赏其文化;而尼古拉相信正是这些外国自由思想腐蚀了"十二月党"的阴谋家们,他决定让国家向后转。崇尚斯拉夫文化的运动开始了,它在很大程度上主导了俄国政治思想直到帝国终结。"专制,正统和民族性"成为流行口号,西方的思想和文化遭到抵制,俄国的一切都受到了赞美。

这一运动自然会导致镇压行动。尼古拉成立了帝国首相府第三部,即奥赫拉纳,动用秘密警察铲除并逮捕那些涉嫌煽动大众思想的人。书籍、报纸,甚至艺术都必须服从重重的审查制度。教育部规范了所有的课程,排除对国家"有害"的思想;学生是沙皇官员们特别担心的对象,他们受到国家监视以免其形成联盟制造麻烦。

俄国有区别地对待少数族裔和宗教少数群体。波兰在俄国统治下拥有半独立王国的独特地位,1831年尼古拉屡次违反该国宪法后,叛乱分子发动了一场计划不周的独立运动。沙皇派遣军队前去镇压,异议者被逮捕,宪法也被废除,波兰从王国降格为省,那里的波兰和乌克兰天主教教徒大多被迫皈依东正教,还美其名曰"宗教和谐"。

俄国犹太人的待遇向来是最差的。尼古拉对犹太人强制征兵,即使年仅12岁的犹太男孩也要参加特殊训练营,而且义务兵役没有任何报酬,尼古拉还严禁任何犹太士兵晋升职位。新法规限制犹太教学校和犹太法典的教学,对生活在栅栏区的犹太人征收重税,导致很多家庭一贫如洗。

军队事务是最受尼古拉重视的。俄国拥有100万军队,但沙皇对表面功夫最为在意,却忽视军事技能训练以及先进武器的配备。尼古拉对军队的制服吹毛求疵,斥巨资为士兵置办欧洲最时髦的军服,以使他的军队在检阅场上为世人留下难以磨灭的印象。骑兵部队耀眼炫目的效果的确令人称赞,军装上飘着金光闪闪的穗带,骑着烈马飞奔,然而军队的装备却无法应付现代

尼古拉一世和亚历山德拉

同20世纪另一对久负盛名的夫妇一样，
沙皇尼古拉和皇后亚历山德拉的现实生活如田园牧歌般浪漫

严肃刻板并不是尼古拉生活的全部。虽然他在公共场合是一丝不苟执行纪律的人，但私下里他是含情脉脉的忠诚丈夫和慈爱的父亲。同20世纪另一对久负盛名的夫妇一样，尼古拉和亚历山德拉彼此深爱。据一位朝臣记载，25年来尼古拉仿佛"一直在度蜜月"。如果因为公事需要分离，沙皇会写信向他远方的妻子倾诉衷肠："我一直在想念你，想得甚至要流泪。"1836年9月他在寄给亚历山德拉的信中写道："泪水总是充满我的眼眶。"接着他若有所思地写道："上帝赋予你如此快乐的天性，无论我爱你有多深都得不到嘉奖。我是为你而存在的。你就是我——任何语言都无法表达我的情感……如果有时我有些急迫，那也是因为我在寻找你内心的想法：开心、欢乐、安宁……如果我知道，如果我能猜到该如何去做，我想让你快乐一百倍。"在医生警告亚历山德拉要禁欲后，尼古拉另寻了一个情妇，但他对心爱的妻子始终不曾变心。

▲ 1817年举行婚礼时的尼古拉和亚历山德拉

战争。

当尼古拉愚蠢地开始他统治期间最具决定性意义的冒险时，俄军的这种缺陷才充分暴露出来。叶卡捷琳娜大帝和土耳其苏丹之间的条约保证俄国军舰可以通过博斯普鲁斯海峡和达达尼尔海峡进入地中海，所以俄国投资建设了黑海舰队。但是，1841年，由于英法等欧洲大国担心俄国扩张，认可了奥斯曼土耳其帝国限制海军进入该海峡的权利。

1853年7月，多年抗议无果后，尼古拉开始挑衅行动，入侵土耳其控制的瓦拉吉亚和摩尔达维亚两省。英法和土耳其都认为这次俄国沿多瑙河入侵是打前站，下一步就是攫取保加利亚、塞尔维亚，最终目的是粉碎奥斯曼土耳其帝国。沙皇确信无论是英国还是法国都不会为了保卫苏丹铤而走险对他发动战争。最后君士坦丁堡为他们做出了决定，于1863年10月8日对俄国宣战，灾难性的克里米亚战争由此展开。

11月，俄国人在锡诺普与苏丹的舰队交战，彻底摧毁了这支七拼八凑的小舰队。人人都期望这场胜利就此能够决定战争的胜局：苏丹仅剩下十几只船，而对于将在多瑙河沿岸以及可能在克里米亚进行的战争来说，经陆路调遣土耳其部队是不切实际的，战争将难以为继。土耳其人求和，但尼古拉看起来丝毫不准备让步，就在此时，担忧俄国扩张的欧洲大国介入了。1854年3月27日和28日，英国和法国对俄宣战。

一支英法联合舰队从欧洲奔向俄国黑海舰队大本营塞瓦斯托波尔，但两国都准备不周，指挥官也是无能之辈。英国海军只有一张克里米亚地

▲ 围攻塞瓦斯托波尔

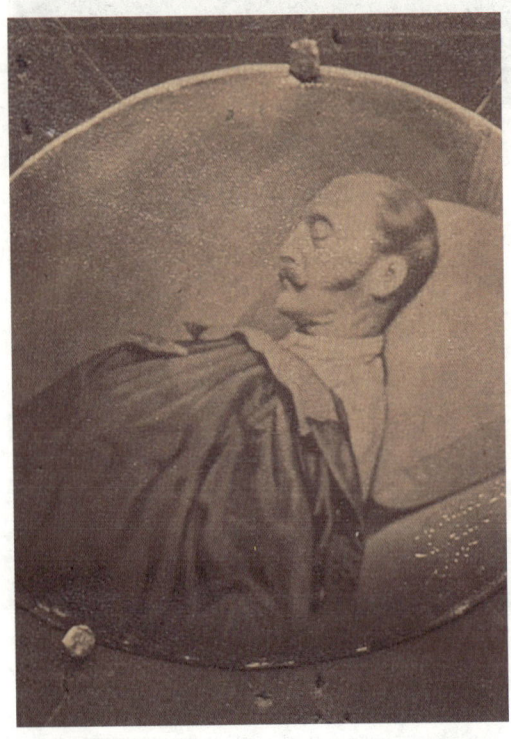

▲ 去世后的尼古拉一世

▲ 尼古拉一世肖像画

克里米亚战争成为致命的闹剧。

图，而且地图中并未标注水深，结果他们试图登陆时军舰搁浅了；法国海军连地图都没有，他们根据一位法国艺术家十年前游览塞瓦斯托波尔时绘制的两幅水彩速写制订作战计划。英军总司令是第一代拉格伦男爵菲茨罗伊·詹姆斯·亨利陆军元帅，他在滑铁卢战役中担任惠灵顿的秘书，但已远离沙场40年。80多岁的他对海军战略一无所知，年迈昏聩的他在整场战役中都称敌人为"法国佬"，而且每当有人试图纠正时他都会勃然大怒。

克里米亚战争成为致命的闹剧，拖到第二年也没有结束。塞瓦斯托波尔只是诱饵，英国舰队有效地实施了连续11个月的封锁，企图饿死那些尚未屈服于连续火炮轰炸的俄国人。英法联军沿着阿尔马河（River Alma）与俄国人交战，从巴拉克拉瓦港向内陆推进，一直到达山谷地带，有勇无谋的轻骑兵正在那里等着他们。

尼古拉一世并没有在有生之年看到这场战争的毁灭性后果。他在1855年年初感染流感，疲惫不堪，沮丧至极；他拒绝接受治疗，仿佛希望死亡加速降临。这个心力交瘁的人于2月18日去世，享年59岁。他曾试图掌控帝国的方向，希望把它转变为保守主义的堡垒，可惜以失败告终，无论镇压还是管教都无法抑制不断涌现的异议。如今，危险的局势只能留给他的儿子亚历山大二世去收拾了。

▲ 克里米亚战争期间在伊丽莎白波尔附近进行的战斗

俄罗斯文化的繁荣

尼古拉一世统治时期气氛压抑，但俄国依然出现了文化繁荣的景象

▲ 亚历山大·普希金

尽管受到俄国审查机构的严密管控，尼古拉一世时期的俄国艺术依然成就斐然。新古典主义风格的巨大凯旋门、庆祝性的方尖碑，以及用柠檬黄色石膏和圆柱装饰的宫殿令圣彼得堡焕然一新，处处彰显帝国盛世。仿照古代民族风格设计的服装和珠宝非常流行，懂行的欧洲人急切地抢购任何具备"俄罗斯风情"的东西。文学蓬勃发展，亚历山大·普希金和米哈伊尔·莱蒙托夫的诗歌声名鹊起，尼古拉·果戈理的作品表现了特权阶层以外人民的生活，为他赢得了日益扩大的知识阶层的青睐。

芭蕾的艺术观感越发精致，绘画和瓷器也赢得国际赞誉。帝国出现第一位"民族的"作曲家米哈伊尔·格林卡。1836年他创作出第一部俄罗斯歌剧《沙皇生平》，还为帝国创作新国歌《天佑沙皇》。欧洲人一向鄙视东部这位拥有大片荒蛮之地的邻居，却忽然被这些突如其来的文化活力吸引住了。

亚历山大二世

解放俄国

亚历山大二世个性矛盾，在自由政策和保守政策之间摇摆不定，他的诸多改革措施和个人悲剧都给后世留下了重要影响。

格雷格·金 / 文

尼古拉一世统治时期十分压抑，但他在继承人亚历山大二世的教育问题上颇有远见。从1818年出生开始，亚历山大就被培养成一个开明进步的统治者，因为尼古拉一世清楚地知道变革势在必行。尼古拉自己无法推行严厉的改革，大家期望亚历山大可以做出改变，他们不会失望的。

亚历山大第一个任务是结束残酷的克里米亚战争，俄国已经精疲力竭，军队不堪重负。1856年3月30日签署的《巴黎条约》结束了这场不光彩的军事冒险，俄国被迫放弃大片领土，失去黑海控制权以及博斯普鲁斯海峡的自由通行权，这是现代历史上俄国军队的首次失败。

实现和平之后，亚历山大着手推动国内改革，诸多变化接踵而来。俄国重振了被摧毁的海军，并装备了新式大炮；陆军实现了现代化，征兵范围拓展到贵族成员，法律禁止军官使用体罚。新铁路的建成促进了工业发展并使俄国首次出现了工人阶级。

俄国的司法体系完全重组，推行选举法官制度，取消了秘密听证会，改行陪审团制度。亚历山大首次尝试人民自治，地方上建立了名为"土地"（zemstvo）的代表机构，该机构被允许做出地方性的决策，而无须依靠圣彼得堡臃肿的官僚机构。俄国的教育事业蓬勃发展，高等院校遍地开花。

亚历山大二世最重要的改革是1861年解放俄国农奴。他与根深蒂固的各方权力周旋了整整4年，保守派和贵族因不愿意失去数千万免费劳动力而坚持反对意见。但是亚历山大坚定地说："自上而下取缔农奴制，要好过坐等彼自下而上推翻。"

▲ 亚历山大二世肖像画，绘于1855年

▲ 1878年前后的亚历山大二世

▲ 描绘1861年农奴学习解放制度的画作

解放农奴的法令于1861年2月19日公布，沙皇大笔一挥，2300万农奴获得了自由。俄国历史上，他们第一次可以在没有主人允许的情况下自由活动、结婚生子以及拥有自己的土地。亚历山大这一措施为其赢得"沙皇解放者"的称号，但最终结果却和残暴的农奴制度一样可怕。国家为失去劳动力的地主提供贷款，地主将这笔资金分给农奴，使他们可以购买土地。但是，由于还款条件十分苛刻，众多获得自由的农奴最终还是一贫如洗；而这又导致地主不能偿还贷款，落到破产的境地。虽然一开始大家为解放农奴拍手叫好，但自由派很快就开始批评政策的弊端，同时保守派和贵族则因为失去权力和财务安全而心生怨恨。

亚历山大二世的外交政策同样摇摆不定，令人费解。1867年，因为担心英国入侵，他把阿拉斯加卖给了美国，还在1872年加入三皇同盟，与德国以及奥匈帝国结为盟友。他对待邻国的态度也是反复无常。1863年亚历山大授予属于俄国的芬兰大公国更多自治权：可以建立自己的议会，发行货币，推广芬兰语的使用。另一方面波兰仍是俄国的眼中钉，反对尼古拉一世征服的波兰民族主义者经常公开起义。1863年1月华沙爆发武装斗争，游击队员炸毁桥梁，切断电报线路，杀害数十名俄国官员。俄国用了将近1年的时间才镇压了这次叛乱，事后的惩处方式十分严厉：成千上万的人遭到处决或被流放西伯利亚，波兰失去了最后一点独立权，甚至被禁止在全国范围内使用波兰语。

俄国最大的外交失误是与奥斯曼帝国的短暂交战。1876年，被奥斯曼帝国控制的保加利亚奋起反抗土耳其，结果遭到镇压，俄国民众对东正教徒的恶劣处境感到极为愤慨。这种强烈的宗教诉求最终说服了亚历山大，他在1877年4月向奥斯曼帝国宣战。俄国取得了战争的胜利，付出20万人伤亡的代价之后，从土耳其人手中解放了保加利亚人，然而这场胜利却在随后的和谈中化为乌有。在柏林会议中，欧洲列强担心俄国的胜利会使其在巴尔干半岛地区站稳脚跟，所以联合起来强迫亚历山大二世接受了限制俄国扩大势力范围的条款。

在战争逐渐接近尾声的同时，反对亚历山大统治的情绪日益高涨。保罗一世和尼古拉一世都倾向于与外界保持距离，但是亚历山大二世愿意亲民。在天气好的下午，他会在圣彼得堡的夏日花园里走走，随行人员只有一位副官。1866年4月，年轻学生德米特里·卡拉科佐夫刺杀沙皇未遂；一年后在亚历山大访问巴黎期间，又有一个波兰人企图刺杀沙皇。

具有讽刺意味的是，沙皇推动自由化改革的措施反而产生了相反的效果。亚历山大感到困惑：他一再让步，换来的却是人们的憎恨和嘲笑。保守派心存怨恨，自由派则希望实现自治和更加开放的社会。在恐怖主义的威胁下，亚历山大开始恢复过去的制度："奥赫拉纳"秘密警察压制大学师生的言行，审查机构对报纸进行严厉的管控，自由派的顾问和大臣发现自己被保守派的人取代，新成立的军事法庭开始起诉可疑的异见分子。

这种突如其来的变化只会加剧社会上的负面情绪。义愤填膺的学生、工人以及潜在的革命者如雨后春笋般涌现，他们下定决心诉诸武力推

不体面的关系

亚历山大二世和年轻公主的风流韵事令家族蒙羞，国家动荡

亚历山大二世有一双桃花眼。他与玛丽亚·亚历山德罗芙娜皇后是明媒正娶，此外据说还有好几位情妇和私生子女，不过亚历山大行事一向谨慎。1866年一切都变了，48岁的亚历山大和17岁的公主叶卡捷琳娜·多尔戈鲁科娃（Catherine Dolgorukaya）一夜缠绵后，便抛弃了她的妹妹，开始了他们不体面的关系。沙皇表现得就像个相思少年，吐露他们已经"像野猫一样互相依靠"。他称叶卡捷琳娜为卡蒂娅，是他"在上帝面前的妻子"；他在情书里十分露骨地表白，"要在每间屋子的每件家具上留下爱的痕迹"。1872年到1878年，凯蒂娅为他生下4个私生子女；之后令朝野上下震惊的是，他任命卡蒂娅为妻子的侍女，安排她和孩子们住进了自己冬宫寝殿楼上的套房。1874年，亚历山大还授予私生子女尤里耶夫斯基王子和尤里耶夫斯卡娅公主的封号，这一举动引起了更大的不满。

1880年玛丽亚·亚历山德罗芙娜皇后死于肺结核，亚历山大在葬礼仅仅两周后就和卡蒂娅秘密结婚。没有不透风的墙，消息传得很快，人们责备沙皇不在乎已故的糟糠之妻，无视家人感受，践踏皇族尊严。沙皇继承人亚历山大暴跳如雷，威胁父亲放弃继承权，自己打算带着家人远走高飞。当亚历山大二世暗示他可能要将卡蒂娅加冕为新皇后，使自己的第二段婚姻合法化时，皇室几乎就要四分五裂了。然而，沙皇在危机爆发之前被暗杀了。卡蒂娅带着孩子们默默搬到法国生活，于1922年去世。

▲ 亚历山大二世的情妇及之后隐婚的妻子卡蒂娅

▲ 暗杀亚历山大二世

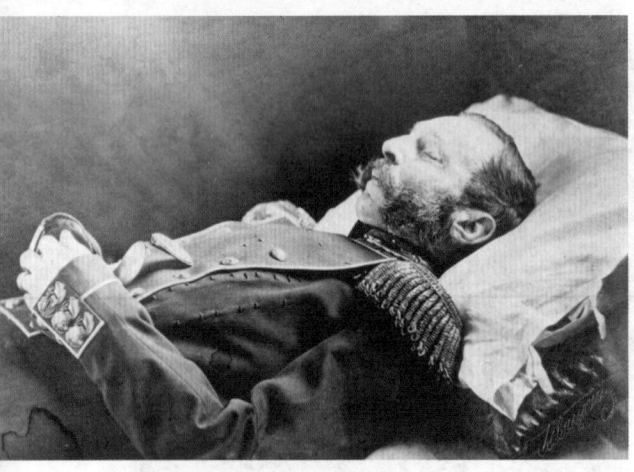

▲ 灵床上的亚历山大二世

翻现有的秩序。1879年4月,一位曾经的学生亚历山大·索洛维耶夫在前去赴约的路上遇到了沙皇,他举起左轮手枪连开5枪,随后被打倒在地。沙皇侥幸逃过一劫,索洛维耶夫很快被法庭判处死刑并被处决。同年12月,革命组织民意党的成员谋划炸毁沙皇的火车未遂。两个月后他们再次尝试,在冬宫的沙皇餐厅地下埋炸药,恰巧

亚历山大当晚迟到,再次逃过一劫,不过有11人死于爆炸。沙皇喊道:"我是野兽吗?一定要置我于死地吗?"

罗曼诺夫王朝的皇帝几乎都不是顽固不化的人,他们善于随机应变。冬宫爆炸案后,亚历山大二世任命自由派人士米哈伊尔·洛里斯-梅利科夫担任内政大臣。这位伯爵建议立即采取措施缓解紧张局势:放宽审查制度,减免税收并取消对地方代表机构的种种临时限制。1881年年初,亚历山大做出了不可思议的决定,他同意建立国会并且制定一部有限的宪法,希望这些措施能够赢回群众好感。尽管改革措施只是初步的,但这些让步实际上将会导致专制统治的结束。

亚历山大二世签好文件后打算公之于众,不过他再也没有机会了。1881年3月1日周日下午,他悠闲地坐在他的装甲马车里,马车沿着圣彼得堡叶卡捷琳娜运河前进,这时民意党成员尼古拉·雷萨科夫冲出来向空中投掷炸弹。一道火光闪过,马车被炸得四分五裂,受惊的马匹狂奔远去,受伤的皇家卫兵倒在白雪皑皑的堤岸上。神奇的是沙皇毫发无损地从马车里走出来,只是受到了惊吓。受伤的军官冲他喊道:"感谢上帝,您还活着!"

此时,人群传出一声叫喊:"感谢上帝为时尚早!"学生伊格纳季·格里涅维茨基冲出来向沙皇脚下投掷了第二颗炸弹。街上的橱窗破碎四散,人行道被炸成碎片,周围都是痛苦的哭声。烟雾散去,只见亚历山大二世倚在栏杆上,一条腿膝盖以下已经不见了,另一条也血肉模糊;鲜血从亚历山大脸上和腹部的多处伤口渗出来,他身边的雪都被染成了深红色。他用仅有的力气小

在恐怖主义的威胁下,亚历山大开始恢复过去的制度。

声说道:"回宫……我要死在宫里。"

载着沙皇的雪橇回到冬宫,他的亲人们也都赶到现场。在一小时的时间里,他们痛苦地看着手忙脚乱的医生进行于事无补的抢救。亚历山大的眼睛一直茫然地看向前方,直到最后他血淋淋的手砰的一声放了下来。新沙皇亚历山大三世迈着坚定的步伐走出房间,他深信父亲的自由政策是可怕星期日爆炸事件的导火索。亚历山大三世否决了拟议中的改革计划,撕毁了即将推行的宪法,他对外宣布要维持"专制主义的正义与力量"。

《地下室手记》

亚历山大二世统治时期涌现出众多文人才子

禁锢思想的尼古拉一世统治时期过去后,俄国文学和哲学在亚历山大二世统治下大放异彩,成为被剥夺者的强有力武器。"知识阶层"出现了:工人和学子如饥似渴地学习马克思和恩格斯的学说;潜在的革命者加入旨在推翻专制政权的无政府主义团体;温和派则在沙皇体制内推动自由主义改革。虽然他们的目标各有不同,但大多数人都认同必须改变沙皇的绝对权力和贵族特权。

费奥多尔·陀思妥耶夫斯基的作品是体现当时社会焦虑和希望的佳作。尼古拉一世怀疑他有颠覆政权的倾向,1849年将其流放西伯利亚,这段生活使陀思妥耶夫斯基饱受磨难。亚历山大二世统治初期,陀思妥耶夫斯基返回圣彼得堡,很快便创作出一系列表现俄国社会冲突和时代动荡的作品。他的《地下室手记》(1864年)描写的是一个官僚肮脏、无望的生活,与沉浸在痛苦和报复中不断前进的成功同僚形成了强烈对比。

《罪与罚》体现了强烈的异化感,讲述的是拉斯柯尔尼科夫谋杀了一个放债人,最后依靠一位妓女救赎自己;《白痴》讲述了扭曲的性欲生活;《群魔》讲的是革命者站在舞台中央,通过杀人证明自己对革命运动的忠诚;《卡拉马佐夫兄弟》表现了复杂的反宗教

▲ 费奥多尔·陀思妥耶夫斯基

思想和人本主义理想。这些书恰如其分地表现了亚历山大二世在位时期的特点,这个时代充满了残酷的阴谋、满怀敌意的哲学、见不得光的社会组织以及改变人类生活的热切期盼。

亚历山大三世

最后的独裁者

在父亲遇刺阴影下长大的亚历山大三世，为维护专制主义推行十年镇压政策。

格雷格·金 / 文

亚历山大三世是俄国最后的独裁统治者。父亲遭到暗杀之后他登上皇位，他坚信亚历山大二世的自由政策只会让革命运动愈演愈烈。拒绝改革的他认为专制主义赋予了自己凌驾于任何人任何事之上的绝对权力，他将帝国改造成一个半警察国家，审查制度无孔不入，反对意见被压制，异见分子只能暂时隐藏在地下。

亚历山大三世不仅在政治方面和父亲全然不同，他几乎事事都反对自己的父亲。在多数人看来，亚历山大二世更像是欧洲人而不是俄国人；尽管他公开和叶卡捷琳娜·多尔戈鲁科娃的风流韵事使皇室威信扫地，但他一直保持着优雅的做派和精致的仪表。相比之下，亚历山大三世却以粗野为荣：他粗鲁生硬的说话方式让人无法忍受；他厌烦沙皇所要遵循的所有社交礼仪；他浮夸地炫耀幸福的家庭生活；他排斥欧洲的精致文化和思想，只喜欢俄国的一切。他骨子里是个古代的斯拉夫人，是自彼得大帝以来第一个为致敬祖先而蓄胡子的罗曼诺夫沙皇。亚历山大三世身高1.95米，身体健硕，认为把铁棍和马蹄铁拧成结让旁人大吃一惊才是真正的娱乐。沙皇的这些表现意味着，俄国已经处在铁腕政治之下，绝不会有一丝手软。

讽刺的是，亚历山大从未想到会继承皇位。哥哥尼古拉曾是皇储，沙皇为他安排了全面的人文主义教育课程。1845年出生的亚历山大是第二个儿子，他和其他大公学习一样的日常课程：德语、法语和英语，还有科学、历史以及军事战略。然而，1865年尼古拉死于脑膜炎，亚历山大成为继承人，还得到了哥哥的未婚妻丹麦公主达玛尔。达玛尔在1866年

▼ 亚历山大三世沙皇肖像画

两人结婚后改名为玛丽亚·费奥多罗芙娜,和亚历山大育有5个孩子,其中包括未来的沙皇尼古拉二世。

为了调整新皇储亚历山大的教育模式,沙皇请来康斯坦丁·波别多诺斯采夫教导自己的儿子。这个选择对支持改革的沙皇来说很不寻常:虽然新导师是莫斯科国立大学的知名教授,还是朝廷中步步高升的官员,但波别多诺斯采夫也是坚定的保守派,反对一切和自由主义有关的事情。他鄙视报刊媒体、公众舆论以及任何与"改革"有关的词,尤其憎恶议会制政府——他警告亚历山大这只是"当代人类最

西伯利亚大铁路
19世纪基础建设的壮举之一

亚历山大三世登基时,俄国的领土面积占全世界的1/6,但基础建设却远远落后于其他现代化国家。

历朝历代的建设重点都是俄国西部,乌拉尔山脉以东的西伯利亚常年被冷落,那里地广人稀,一直延伸至太平洋岸边的海参崴。所有物资要先通过铁路运输到遥远的乌拉尔,然后装在运货马车上,再通过河流运输,或者在冬天用雪橇运送到遥远的地区。而西伯利亚丰富的铁矿资源、茂密的原始森林、有待开发的矿产,这些种类繁多的自然资源足以支撑俄国的经济发展。

1891年,亚历山大三世下令建设一条横跨西伯利亚,连接莫斯科和海参崴的铁路。财政大臣谢尔盖·维特负责本次基建工程,大量征用囚犯作为主要劳动力。铁路建设危险系数极高,挖掘山体隧道的时候经常发生山体滑坡,还有很多人没能扛过西伯利亚的冬天。苔原荒地的冻土层会严重破坏刚铺设的铁轨和枕木;极低的气温会冻坏设备,锅炉和熔炉会爆裂;途中的沼泽和湖泊频频迫使线路临时修改。这项工程极为庞大,直到1916年,总长9289千米的西伯利亚大铁路才全线告竣。

▲ 乘客排队等待购买西伯利亚大铁路的车票

▲ 1883年,亚历山大三世在莫斯科大教堂举行加冕礼

亚历山大三世的反犹太倾向明显。

大的痴心妄想,只是为了满足个人抱负、虚荣心和与自己有关的利益"。他提出要想实现真正的伟大,就必须追溯俄国成功的根源:强大的专制主义、占主导地位的东正教,以及强制性的民族主义,通过这种民族主义可以压制有动乱倾向的少数民族、野心勃勃的乱臣贼子以及挥霍无度的贵族,同时让农奴乐于顺从且忠心耿耿。这是向尼古拉一世时代的回归,然而,无论是亚历山大三世还是波别多诺斯采夫都不明白绝对权力早已过时。俄国的专制统治已经岌岌可危,只要轻轻一推,就能让整个体系轰然崩塌。

新沙皇继位后便开始推行波别多诺斯采夫的政策。专制政体变成了一种宗教,而不是政治机构,沙皇成了上帝在人间的代表。坚持中世纪权力理念的沙皇采取镇压式的统治方式。

▲ 尼古拉站在垂死的父亲面前

他取缔了父亲推行的地方自治改革措施，转而通过政府监管小型农庄和公社。奥赫拉纳秘密警察逮捕了数千名具有自由思想嫌疑的民众，审查制度极为严苛，甚至禁止报纸出现"宪法"一词。

亚历山大三世担心被暗杀，所以搬到了圣彼得堡郊区的加特契纳宫，大约5000名武装哨兵在周围展开巡逻，保护沙皇安全。虽然革命者只能在地下开展活动，可参加革命的人越来越多。1887年，警察抓捕了5名试图谋杀亚历山大三世的圣彼得堡学生，他们使用的炸弹失效了。5人全部被处以绞刑，其中一人名叫亚历山大·乌里扬诺夫，他是弗拉基米尔·列宁的哥哥。

对东正教的宣传导致了对其他信仰的迫害，在沙皇俄国，犹太人是最受孤立的一个群体。和当时大多数俄国人一样，亚历山大三世的反犹太倾向明显（他经常嘲笑他们是"犹太佬"），他坚信是犹太人暗杀了自己的父亲（并非事实），在1882年颁布了臭名昭著的《五月法》。该法令缩小犹太人居住的栅栏区；禁止犹太人抵押贷款或购买房产，导致成千上万人无家可归；还加强了对犹太人的出行限制，很多人无法开展贸易或者探亲。之后几年政府又追加了多项规定：解雇政府中的犹太官员，不发给养老金（除非他们皈依东正教）；未经司法部特殊许可，禁止犹太人从事法律行业；禁止犹太人进入军校或者学术学院；对犹太洁食甚至犹太教会征收重税。国际社会强烈反对以上规定，不过多数法条都沿用到了1914年。

虽然亚历山大三世的多数政策都是倒行逆施，但在他的统治下俄国工业发展和基础建设取得了长足进步。外国投资者支持俄国新建工厂，俄国的钢铁、煤炭和石油产量增加了两

▲ 亚历山大和妻子玛丽亚·费奥多罗芙娜

倍；交通建设迅速，铁路大大扩展，将物资运输到远东和欧洲。不过，这场经济繁荣也带来了其他始料未及的东西。在欧洲持续几十年的工业革命在俄国是在很短时间内发生的，这给俄国社会带来了突变：尽管工作极为艰苦且十分危险，可还是有上百万人进入工厂工作，这些推动帝国迈入现代的工厂同时也在孕育着革命的火种。

亚历山大三世还有一个特点，他是罗曼诺夫家族中极少数从未参加战争的人。他继续留在父亲参与的三皇同盟，即俄国、德国以及奥匈帝国的同盟内；但他其实并不愿意结盟，虽然母亲曾是德国公主，可妻子鄙视普鲁士的霍亨索伦家族，渐渐地也影响他对德国产生了敌对心理。1890年，威廉二世皇帝将德国首相奥托·冯·俾斯麦伯爵撤职后，三皇同盟终于解散。

俄国突然发现自己被孤立了。德国和奥匈

法贝热的传世佳作

时至今日，众多俄国文化遗产中宫廷珠宝商彼得·卡尔·法贝热为复活节创造的精美皇家彩蛋仍令人拍案叫绝

▲ 法贝热制作的第一个皇家复活节彩蛋

早在1885年，宫廷珠宝商彼得·卡尔·法贝热已经蜚声海外。他用黄金、孔雀石、玛瑙、彩色珐琅、宝石和抛光金属制作相框、动物雕像和微型花卉，不仅获得罗曼诺夫家族的青睐，丹麦和英国王室也很喜欢。但那一年，亚历山大三世交给他的任务巩固了他杰出工匠的地位。

法贝热并不是第一个制作复活节彩蛋的珠宝商，但他对材料的使用以及精妙的微观设计使他的作品与众不同，堪称真正的艺术品。亚历山大三世的妻子因亚历山大二世被暗杀和皇室的动荡气氛而郁郁寡欢，亚历山大三世希望法贝热制作出能给他的妻子带来快乐的东西。法贝热用白色珐琅做成一个简单的鸡蛋壳，将其打开之后是一个金制的支架，上面有一只镶嵌红宝石眼睛的小小金母鸡，母鸡的身体里又藏着一个小吊坠。皇后收到礼物以后心花怒放，此后赠送法贝热的复活节彩蛋成了俄国皇室的传统，一直持续到大革命之前。

帝国本是天然盟友；剩下的两个欧洲大国英国和法国都是自由主义和代议制政府的温床，亚历山大三世对此深感不适，但随后还是做出了务实的决定。大英帝国正处在鼎盛时期，毫不掩饰自己的雄心壮志，对俄国的权力和殖民野心的威胁更大；而最近在与普鲁士的毁灭性战争中遭受重创的法国则没有这样的野心，此外，法国的贷款支持了俄国的经济发展。俄国外交大臣尼古拉斯·德·吉尔斯花费一年的时间才得到这些不甚可靠的信息，但亚历山大三世在1891年就与法兰西共和国达成了一项秘密军事协议。在英国与法国签署《挚诚协定》后，第一次世界大战的协约国正式形成。

1888年10月，亚历山大三世和家人乘坐的火车突然出轨，冲下了陡峭的河堤。据说他高举餐车崩裂的车顶残骸，让家人爬出去。起初人们怀疑这是无政府主义者的暗杀行动，但后来发现其实只是火车开得太快了。但这次事件还是对亚历山大产生了明显的影响，他开始变得多疑，不听医生规劝大量喝酒；几年后，他开始时常感到疲惫、失眠和肾脏疼痛。

1894年秋，当医生确诊亚历山大三世患有无法治愈的肾炎时，人们才明白大事不好。

为了尽量延长沙皇的寿命，他被送到利瓦季亚，安置在克里米亚黑海岸边的罗曼诺夫庄园里。皇室成员都聚集在此静静等待，其中包括黑森的阿利克斯公主，也就是皇储尼古拉的未婚妻。生病的沙皇坚持要求她服侍他穿上全套的军礼服，这让他筋疲力尽。

亚历山大三世的最后几天几乎一直失眠、流鼻血以及关节疼痛。1894年10月20日的下午，当玛丽亚·费奥多罗芙娜把丈夫抱在怀里时，亚历山大喃喃低语道："我知道我快不行了，但是我希望你知道，我总是尽我所能做到最好。而且我从不畏惧，不，我不害怕。我希望你能告诉我的人民我无所畏惧。"下午2点之后，沙皇的头垂到了胸前。令人敬畏的俄国沙皇亚历山大三世去世，享年49岁。

亚历山大三世的遗体先被送到莫斯科，然后送到圣彼得堡，前后需要供人瞻仰三个星期。根据东正教的习俗，哀悼者要在仪式结束后亲吻死者的嘴唇。亚历山大去世两天后才做了尸体防腐处理，殡仪员赶到时尸体已经开始腐烂，气味令人作呕。最后送到圣彼得堡安排下葬时，沙皇的脸已经变黑了。

尼古拉二世

沙皇的诅咒

尼古拉二世和皇后亚历山德拉的爱情是历史上最伟大的皇室爱情之一,但他们也要为俄国革命的爆发承担责任。

格雷格·金/文

第一次世界大战爆发三个月后,沙皇尼古拉二世和皇后亚历山德拉庆祝了他们的结婚20周年纪念日。1894年11月一个寒冷的日子,英俊的尼古拉迎娶维多利亚女王的孙女——美丽的黑森公主阿利克斯,两个年轻人彼此相爱,未来似乎充满希望。

1844年他们在阿利克斯的姐姐伊丽莎白与谢尔盖大公的婚礼上邂逅——"我们彼此相爱。"尼古拉这样记录当时孩子气的情愫。5年后的1889年,当阿利克斯和姐姐在圣彼得堡过冬时,他们再次相遇。刚满21岁的尼古拉有一双会说话的蓝眼睛,略显消瘦的身材裹在帅气的军装下;16岁的黑森公主出落成高挑美丽的少女,一头金色长发,内心充满高尚的理想。他们一起参加滑冰聚会,在舞会上跳舞,不久,这种一时兴起的调情就发展成了真挚的爱恋。尼古拉在1892年写的日记里回忆道:"我的梦想就是娶到黑森公主阿利克斯。"经过坚持不懈的劝说,黑森的路德宗信徒阿利克斯终于同意改变信仰并接受尼古拉的求婚。"我不能违背良知",她曾在1893年写给他的信里这样说;但尼古拉的坚持起效了,在1894年4月的一场家庭婚礼上,阿利克斯终于让步了。他们订婚的喜悦并没有持续多久,1894年秋,尼古拉的父亲沙皇亚历山大三世早逝,26岁的尼古拉不知所措地继承了皇位。埋葬父亲仅一周后,尼古拉迎娶阿利克斯,她皈依东正教并更名为亚历山德拉。"我爱你,"结婚后第二天,亚历山德拉向尼古拉保证道,"我的人生就在这三个字之中。"

这份爱让他们在未来的动荡岁月中彼此慰藉。亚历山德拉接连生育了4个女儿:奥尔加、塔季扬娜、玛丽亚和阿纳斯塔西娅。他

▼ 尼古拉在执政末期深受妻子控制，几乎面目全非

▲ 黑森公主阿列克斯原本不愿与俄国皇储结婚

们非常迫切想得到一个男性继承人，以延续皇室血脉，但迟迟未果。

到了1904年，沙皇和皇后终于如愿以偿迎来了唯一的儿子阿列克谢。然而，阿列克谢在不到6周的时候就出现了血友病的早期症状，亚历山德拉明白她的儿子可能患有源自祖母维多利亚女王的"皇家疾病"。这对皇后来说是毁灭性的消息，因为血友病无药可医且很多患者饱受折磨后早夭。尼古拉淡定地接受了儿子的病情，他认为这是"上帝的意志"的一种体现，是看不见的神圣力量决定的。作为俄国的专制君主，尼古拉相信命中注定的一切。

然而，亚历山德拉不停地寻找着改变儿子命运的奇迹。1905年她发现了能创造奇迹的人——臭名昭著的格里戈里·拉斯普京，她相信这个西伯利亚农民的祷告能让她的儿子活下来。随后几年这位从未受过教育的农民公开干预政治，令这对皇室夫妇的忠实支持者沮丧的是，他在首都没完没了地疯狂酗酒，对皇帝的威望造成了难以估量的损害。

尼古拉从未想过成为沙皇。他性格安静温和，厌恶对抗且容易屈从于野心勃勃的政客和家庭成员的要求，结果导致俄国走上了灾难深重的道路。1904年爆发的日俄战争在一年后以俄国惨败而告终，随后的一系列暗杀、大屠杀和罢工在1905年演变成了一场革命。面对统治的危机，尼古拉被迫同意颁布宪法，并向民众选举出来的国家杜马授权，从而有效地终结了俄国的专制政治。最终，阿列克谢的健康状况、帝国梦的幻灭和持续动荡的局势迫使皇帝夫妇隐居起来，躲进自家的豪华宫殿享受幸福的家庭生活，但在很大程度上牺牲了使俄国宫廷成为世界上最耀眼的宫廷的礼仪责任。

1914年8月第一次世界大战爆发，许多事情都可以被原谅了。几百万俄国军人起程远征了，与英法联军并肩作战。尼古拉二世向德国宣战，使帝国人民前所未有地团结在了一起。当他出现在圣彼得堡的冬宫时，成千上万的子民热烈欢呼并大声高唱国歌《天佑沙皇》。尼古拉把名字具有日耳曼色彩的圣彼得堡更名为斯拉夫风格的彼得格勒以示爱国，并在约800英里外的俄军总司令部度过了数周时间。亚历山德拉和年龄最大的两个女儿奥尔加与塔季扬娜受训成为红十字会护士，在医院里护理受伤的军官，协助手术并照料士兵。她们的努力是善意的，但还是有很多人认为皇室女眷帮助更换绷带和截肢贬低了自己高贵的身份。

俄国在东普鲁士的早期进攻很快演变成灾难性的失败，随后俄军出现了粮草和弹药极度匮乏的状态，甚至一度只能每天为士兵配给三发子弹。1915年年初，俄国士兵在与奥地利的战斗中逐步向加利西亚推进，但胜利只是暂时的。同年5月，同盟国发动进攻，沙皇的士兵在惨痛的伤亡中连连败退。到了夏季的时候，已有近140万俄国士兵死伤，至少100万人被俘。8月，德国人攻下了华沙，俄军被迫撤退，军队士气一落千丈。

亚历山德拉利用这次机会反对沙皇的堂兄尼古拉斯·尼古拉耶维奇大公——俄国军队最高指挥官。大公毫不掩饰他对拉斯普京的厌恶态

▲ 尼古拉二世戎装肖像，伊利亚·盖尔金绘于1896年

▲ 亚历山德拉皇后肖像，约瑟夫·阿帕德·科帕伊绘于1900年

全国粮食和燃料紧缺,沙皇绝望的臣民排着长队,挤满了彼得格勒的街道,站在寒冬中等待领一袋面粉或者一桶燃料用油。

▲ 1913年沙皇和家人的合影

度，这令皇后很愤怒。她在给丈夫的信中反复强调这位大公一直在背后密谋，试图抬高自己并削弱沙皇的威望。她敦促丈夫罢免大公的职务，还建议丈夫亲自担任最高指挥官。她三番五次提醒丈夫，这位大公是"我们的朋友（拉斯普京）的敌人，会带来厄运"。然而尼古拉二世不需要规劝，他坚信自己应当与军队同在。无论是否具有象征意义，他都认为沙皇投身战争前线一定会鼓舞军队士气。

尼古拉根本没有任何军事作战或指挥经验，他撤销尼古拉耶维奇指挥权的决定令人们感到震惊。内阁的13名成员中有10名提出辞职以示抗议，但愤怒的尼古拉根本不理会他们。国王的母亲——皇太后玛丽亚·费奥多罗芙娜更是彻底绝望，她哭喊道："这一点也不像尼基！他可爱、诚实、善良。"她转而责备儿媳妇亚历山德拉："一切都是她唆使的。"

尼古拉带着亚历山德拉预祝顺利的信前去司令部接任最高统帅，亚历山德拉称拉斯普京祝

▲ 表面上看起来是拉斯普京在幕后操纵，实际上亚历山德拉才是掌控局势的人

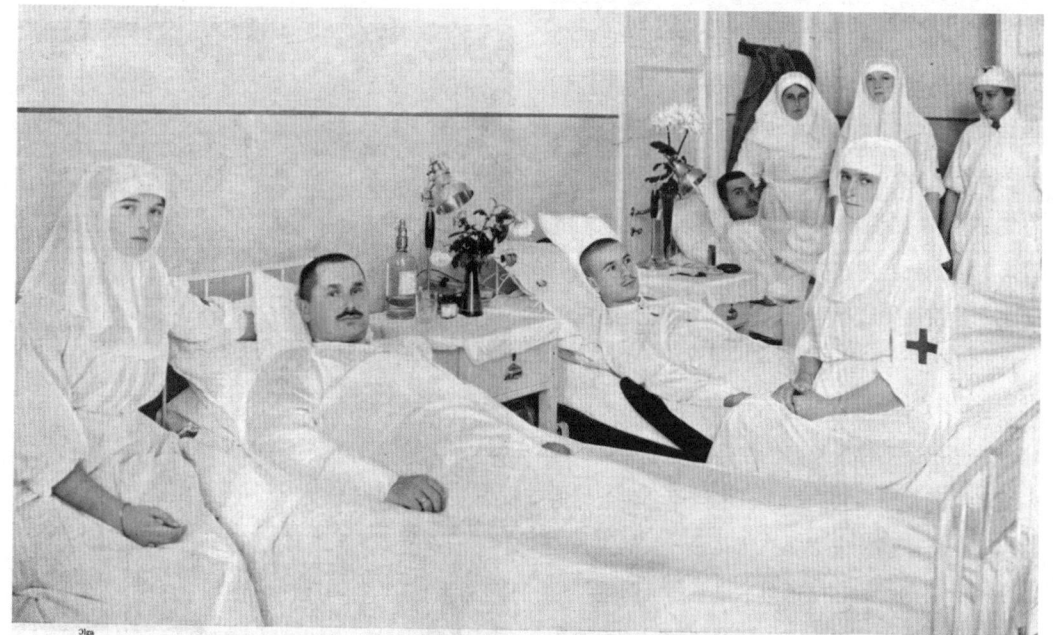

▲ 战争期间，皇后和她的女儿们经过护理受训后，在医院协助手术和截肢的工作

> 传言说皇后自认为会成为第二个叶卡捷琳娜大帝,而且会像她那样谋杀亲夫并篡夺皇位。

福他马到成功。她写信给丈夫:"我们的朋友日夜为你向上帝祈祷,上帝会听到的。我们的朋友说你将打开俄国荣耀的一页,我对此也坚信不疑。"事实上,那是末日的前奏,但是无论尼古拉还是亚历山德拉都没有意识到前方的危险。

尼古拉奔赴前线作战,亚历山德拉很快就成为皇权的代言人,沙皇的决策经常受到妻子的影响和胁迫。亚历山德拉向尼古拉承诺"会在长裙里面穿好长裤",随时准备代替他管理国家。她永远表现出诚挚的态度,而且深信自己才智高超,她努力投身政治以求发挥自己的"能力"。

亚历山德拉对自己的第二故乡的理解是严重扭曲的。她一再对尼古拉说:"俄罗斯人喜欢鞭子,这是他们的天性。"她说这个国家有幸拥有"一个真正神圣的君主"。她拒不接受丈夫1905年被迫结束独裁统治的事实,一直从旁进言,一个对人民负责而不是对皇位负责的立宪政府将"成为俄国的祸根",沙皇应该"更果断和更自信"并且"有主见",他应该像"彼得大帝、伊凡雷帝、保罗皇帝那样把他们统统碾压在脚下!"然而,每当尼古拉发表与她不同的观点时,她都会提出抗议。其实她并非希望他更专制,她只是想让他更顺从于她。她直言尼古拉"性格懦弱,但我不是"。

20多年来,沙皇一直承受着这种责备。亚历山德拉总是毫不讳言沙皇的性格缺陷,并且一直督促他成为她所希望的男人。尽管用心良苦,但她实际上伤害了丈夫脆弱的自尊心。在他执政的最后几个星期,尼古拉每每给妻子写信都用"你意志薄弱的丈夫"落款。为了根据自己的意愿重塑丈夫,亚历山德拉迫使尼古拉完全听命于她。

掩耳盗铃的自杀式行动就这样开始了。亚历山德拉时常在信中提及拉斯普京,但她才是两人关系中的主角,西伯利亚农民怎么可能支配歇斯底里的皇后,左右政府的决策?拉斯普京很狡猾,他能猜到亚历山德拉想要什么,当受到政客和权威的质疑时,他仅仅是鹦鹉学舌重复皇后的观点而已。亚历山德拉以拉斯普京的名义为自己的想法披上神圣的外衣之后,再传递给尼古拉。亚历山德拉的这些做法均与感情捆绑在一起,她认为自己的婚姻负有某种宗教使命,但事实上那不过是莫须有的信仰与滥权的混合物。可悲的是亚历山德拉一直活在梦里,而且也没有一个人强大到可以阻止她。

大臣们如走马灯般换个不停,政府被无缘无故地改组,这些令人震惊、臭名昭著的闹剧致使

▲ 亚历山德拉和尼古拉二世也在雷瓦尔(今爱沙尼亚塔林)乘坐皇家游艇"斯丹达特号"

▲ 当时的一幅漫画,描绘了沙皇夫妇被拉斯普京玩弄于股掌之上

▲ 1917年，在俄国举行的一场"二月革命"牺牲者追悼仪式

二月革命

在冷血的谋杀驱使他的士兵加入罢工和反抗后，俄罗斯很快就背叛了皇帝

不断滋生的愤懑和绝望最终导致俄国革命大爆发。1917年2月爆发的大罢工将愤怒的工人、失望的学生和一无所有的人聚集在了彼得格勒街头。哥萨克人被喊去驱散游行示威，可当他们拒绝用鞭子抽打那些等待食物的可怜人时，局势开始走向失控。月底时首都陷入瘫痪，尼古拉二世命令彼得格勒的军队指挥官尼古拉斯·哈巴洛夫将军"结束混乱"。将军的部队向人群开火，打死169人，打伤上千人。恐怖手段换来的和平终是一场空，那些因射击示威者而感到厌恶的士兵开始倒戈，暗杀他们的军官并且宣布效忠革命。暴乱席卷城市，精锐的皇家卫队士兵一个接一个擅离职守。暴徒燃烧建筑物，洗劫商店寻找食物；首都的大街小巷中，人们袭击警察，愤怒地撕下象征罗曼诺夫王朝的双头鹰徽章。到了3月2日，政府官员公开支持起义者，国家杜马宣布成立临时政府，革命只用9天就取得了胜利。

对皇后叛国的谴责像彼得格勒的第一场雪一样席卷了俄国首都。

国家停摆。从1915年9月到革命爆发的18个月里,俄国前后更换了4位首相、5位内政大臣、4位农业大臣、4位宗教大臣、3位战争大臣和3位外交大臣。尼古拉似乎无法否定妻子提出的任何要求,即便他知道这会引发灾难性的后果。

典型案例之一是1916年9月任命亚历山大·普罗托波波夫为内政大臣。普罗托波波夫常常一边抽搐一边自言自语,与脑海中浮现的声音对骂。患有梅毒且逐渐发疯的他已经被关进疯人院,但是亚历山德拉还是将他提拔为政府的二号人物。当尼古拉提出反对意见时,她便将拉斯普京的名字抬出来:"他4年来一直很欣赏我们的朋友,这充分证明他是个不错的人选。"而沙皇对此表示怀疑,警告说:"我们的朋友对他人的看法有时很奇怪,他的看法变得太快了,让人耗尽心神。"亚历山德拉拒绝让步,而尼古拉则选择服从而不是坚持己见。

1916年秋,对皇后叛国的谴责像彼得格勒的第一场雪一样席卷了俄国首都,整个国家正在陷入混乱。军队中的不满、大臣的频繁更换、东正教等级制道德的瓦解以及拉斯普京的恶劣影响,众多因素汇集在一起,变成了对罗曼诺夫王朝和尼古拉,尤其是对亚历山德拉的仇恨。在电影院观看沙皇夫妇的新闻短片时,一位英国游客惊愕地发现,当银幕上出现皇后时俄国民众会发出阵阵嘘声。

俄国出现了各种各样的谣言。婚前亚历山德拉是一位德国公主,很多俄国人曾公开质疑她的忠诚度,并散播谣言说她正在与表哥威廉二世皇帝秘密和谈。还有传言说皇后自认为会成为第二个叶卡捷琳娜大帝——另一个来到俄国的德国公主——而且会像她那样谋杀亲夫并篡夺皇位。淫秽小册子和漫画里编排了皇后和她的四个女儿与拉斯普京私通的情节。"拉斯普京,拉斯普京,拉斯普京——人们不停地咒骂他,"大公夫人玛丽亚·巴甫洛夫回忆道,"'革命'这个词变得随处可见。"

皇帝的亲属们一再警告危机即将来临,但无济于事。那年秋天,三位大公恳求尼古拉成立一个责任机构。但尼古拉不能理解这种想法,听到提议时他说:"我宁愿忘记周围发生的所有事情,也不能做出有悖自己良心的决定。如果我这样做了,我将无法对上帝负责。"人们恳求他拒绝皇后的建议,沙皇同样也不能接受,他冷冷地回复道:"我只相信我的妻子。"同年12月亚历山德拉的姐姐伊丽莎白拜访皇后时,曾警告她拉斯普京正在毁灭王朝。这位大公夫人哭喊着"不

▲ 尼古拉二世于1917年3月签署的《退位法案》

▲ 沙皇尼古拉在普斯科夫的一节火车车厢里交出皇权

◀ 1917年，退位几周后，憔悴的尼古拉二世在亚历山大宫中

尼古拉二世退位

失去将领的支持后,沙皇尼古拉二世选择将皇位传给错误的人,
最终导致他的王朝长达304年统治的终结

尼古拉二世经历过罢工和游行示威,他认为那些人是叛国者。他之前都设法渡过了难关,现在希望在1917年仍能如此。尼古拉被困在司令部,关于彼得格勒的骚乱,只能得到断断续续和相互矛盾的消息。1917年年初,杜马主席米哈伊尔·罗江科发来一封电报,警告他说"首都处在无政府状态",但是一封来自亚历山德拉的信却向他保证"所有人依旧对你表示忠诚"。尼古拉认定杜马主席夸大其词,说:"那个胖子罗江科发来的是不值得回复的废话。"但当第二天罗江科、国务院和亚历山德拉均警告情况很严重时,尼古拉决定返回首都。为了避开叛军,他的火车向北绕路迂回到普斯科夫镇。3月2日下午他才得知,新的临时政府和陆军最高司令要求他退位,失去将领支持的尼古拉不想妨碍俄国前线的战事,也不愿自己国家爆发内战,疲惫、幻灭且萎靡的沙皇同意放弃皇位。起初他打算让位给12岁的儿子阿列克谢,但考虑到患有血友病的儿子身体羸弱时又改变了主意。取而代之的是他的弟弟米哈伊尔大公,而这样做是违法的——即使是沙皇也无权取消继承人的继承权——但是没有人质疑他。晚上11点40分,尼古拉签署了退位声明,声明最后一句话是:"愿上帝拯救俄罗斯。"他在日记中痛苦地写道:"我的周围充满了背叛、怯懦和欺骗。"第二天,米哈伊尔大公拒绝临危受命接受皇权,于是罗曼诺夫王朝长达304年的历史就此告终。

▲《纽约时报》头版刊登的俄国革命胜利和尼古拉二世退位的新闻

要忘记路易十六的下场！"，但皇后起身让她离开。伊丽莎白过后哭诉道："她像在驱赶一条狗一样把我赶走了。"

1916年12月17日早上，在亚历山德拉著名的淡紫色闺房中，摆在躺椅旁的电话突然响起，皇后得知拉斯普京不见了。她惊恐万分，立刻给远在司令部的丈夫写信："我们的朋友消失了！"前一天晚上，拉斯普京与俄国最富有的贵族之一、尼古拉二世唯一亲侄女的丈夫费力克斯·尤苏波夫公爵一起出去过。公爵否认与此人失踪有关系，但不久后各种吓人的戏剧性细节曝光出来。经过投毒、枪击、刀刺后，拉斯普京被扔到了冰冷的河水中。他的死来得太迟，已经无济于事，却带来了十分可悲且始料未及的影响：割裂了沙皇夫妇和挑剔的亲属之间的关系，也使他们进一步陷入可疑的孤立之中。

暗杀发生几周后，官员们发现尼古拉已经憔悴得面目全非。他眼眶凹陷，两眼无神，甚至连最简单的问题也回答不上来。22年来他饱受来自各个方面的多种要求、警告和命令的攻击，几乎令他处于精神崩溃的边缘，而治疗牙痛和胃痛的大剂量可卡因、印度大麻和鸦片致使沙皇精神萎靡。一位朝臣抱怨道："他对任何事情都没有兴趣，已经变得麻木不仁。他像个机器人一样每天机械地履行日常工作。"法国大使在最后一次与沙皇开会后确信，他"已经丧失对使命的信仰，他的内心已经绝望，正在坐等灾难的来临"。

人们窃窃私语谈论阴谋。据说皇家卫队不久就会逮捕亚历山德拉，废黜尼古拉并宣告年轻的阿列克谢继任俄国沙皇，政府官员们也在密谋如何劫持沙皇乘坐的火车并逼其禅位给他的儿子。当皇太后玛丽亚·费奥多罗芙娜乞求儿子发配亚历山德拉以免她继续干政时，尼古拉粗暴地让皇太后走开，于是皇太后逃到了基辅。大公们坐在咖啡馆里公开宣称：要想拯救即将灭亡的王朝，就必须牺牲沙皇。

2月23日，尼古拉离开首都返回前线指挥部。全国粮食和燃料紧缺，绝望的臣民排着长队，挤满了彼得格勒的街道，站在寒冬中等待领一袋面粉或者一桶燃料用油。近10万名工人罢工，他们高喊道："不要战争！打倒专制！"一周后，愤怒的情绪触发了革命。当尼古拉返回他的宫殿时，他已经成了一名囚犯；一年多以后，尼古拉一家在西伯利亚的一个地下室里无声无息地悲惨死去。

拉斯普京

疯狂修道士

神秘修道士获得了俄国皇室的信任,最后却被残酷地杀死。

弗朗西斯·怀特 / 文

在俄罗斯,很长一段时间内人们认为"拉斯普京"就意味着"猖狂放纵",这是人们对这个传奇人物最普遍的认知。人们谴责拉斯普京是一个性变态、强奸犯,是把俄国皇室当成钢琴琴键戏耍的"疯狂修道士",他还在皇后耳边吹枕边风,说出黑暗的欲望。其实"拉斯普京"并不是猖狂放纵的意思,而是"两条河流交汇处",指的是他出生的地方。

就像他的名字一样,历史上真实的拉斯普京已经被时间遗忘,取而代之的是漫画式的形象:一个胡须蓬乱、牙齿丑陋、举止骇人的老头子,但同时也是宠爱孩子的父亲、受人尊重的圣人以及尚美之人,正是这样的反差引起褒贬不一的评价。到底是他导致俄国历史走向灭亡,还是历史的洪流将好心之人变成了替罪羊?

波克罗夫斯科耶村按照西伯利亚的标准衡量都算是小地方。这里只有200处住宅和不到1000名居民,人们很难相信,这个每个俄国人都会逐渐了解、恐惧和厌恶的人出生在这样与世隔绝的安静村庄。格里戈里·拉斯普京在9个孩子中排行老五,从小就发现自己格格不入。他从未上过学,也没有书可以读,所以很快就陷入了放荡和酗酒的生活。他觉得繁重的农活既无聊又空虚,为了找点乐子,他会盗窃人家的马。

拉斯普京不是傻瓜;他并不是因为无能而过着犯罪的生活,而是因为他觉得自己的生活缺少了什么。他有家庭和孩子,但他还是觉得生活无比空虚。二十几岁的时候,可能是神的旨意,也可能是被村人驱逐,拉斯普京来到新扩建的韦尔霍图里耶修道院,并且找到了自己的方向。在这里他也遇到了在修道院附近森林中过着简朴生活的长老马卡尔。在与老人接触的过程中,这位叛逆

▲ 很多人质疑拉斯普京对皇室成员产生的影响

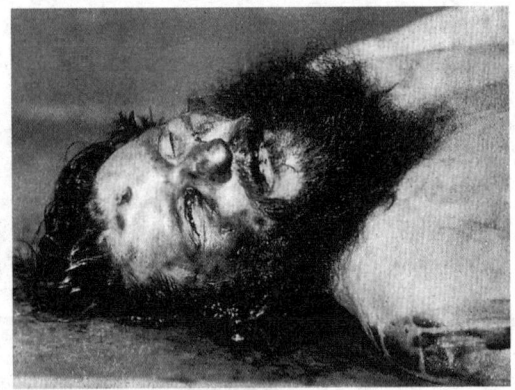
▲ 拉斯普京验尸照片，前额有枪伤痕迹

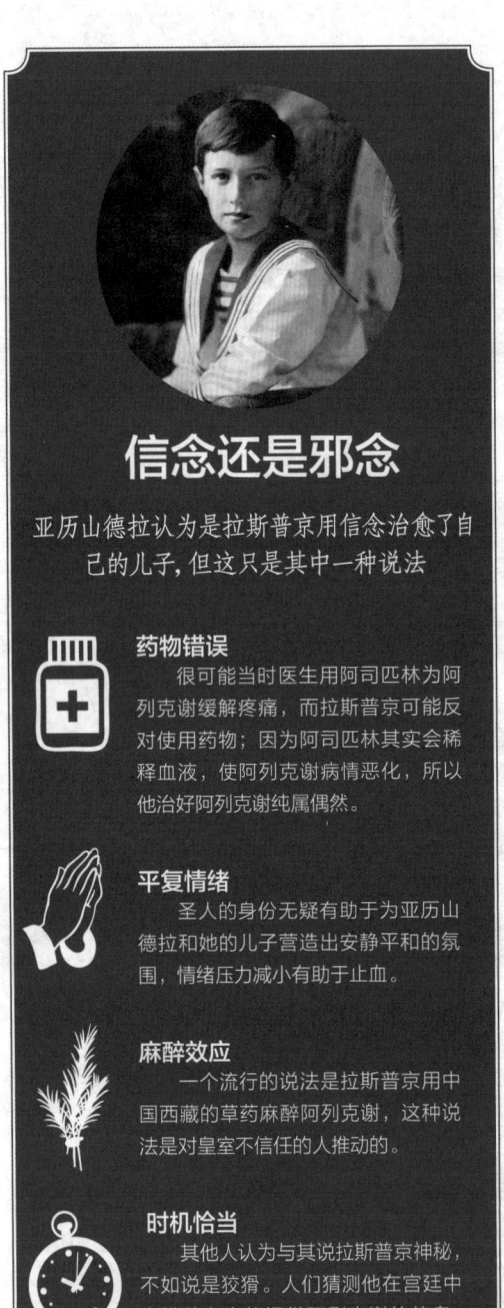

信念还是邪念

亚历山德拉认为是拉斯普京用信念治愈了自己的儿子，但这只是其中一种说法

药物错误
很可能当时医生用阿司匹林为阿列克谢缓解疼痛，而拉斯普京可能反对使用药物；因为阿司匹林其实会稀释血液，使阿列克谢病情恶化，所以他治好阿列克谢纯属偶然。

平复情绪
圣人的身份无疑有助于为亚历山德拉和她的儿子营造出安静平和的氛围，情绪压力减小有助于止血。

麻醉效应
一个流行的说法是拉斯普京用中国西藏的草药麻醉阿列克谢，这种说法是对皇室不信任的人推动的。

时机恰当
其他人认为与其说拉斯普京神秘，不如说是狡猾。人们猜测他在宫廷中安排侍女为他提供阿列克谢的信息，当小男孩状况好转的时候，就以医者的身份进入寝殿骗取信任。

催眠术
宫廷医师博特金特别厌恶拉斯普京，认为他对阿列克谢使用催眠术，在耳边小声嘀咕些什么然后起到止血效果。

青年逐渐蜕变成为精神世界十分丰富的人，而且戒掉了烟酒和荤腥。当他回到波克罗夫斯科耶村时，已经成为一个狂热的宗教皈依者。

启发拉斯普京的是马卡尔而不是修道院。他一生从未闲散度日，学不会向权威低头亦或盲目服从命令，也难怪他会厌恶在冰冷的石头建筑中奴役自己。拉斯普京不属于小地方或者房门紧锁的密闭空间，他不断求知的心想要探索广袤的大地，这也是他立刻要做的事情。

拉斯普京只打包了几件行李便和家人告别离开，开始了流浪修道士的生活。谁都不知道这段时间他曾去过哪里朝圣，行程有多远，但有可能最远到过东正教的圣地阿索斯山。他有时好几年都不回家，回家时连妻儿都很难认出他来。即便过着流浪修道士的生活，他也能开辟自己的道路。

流浪的这些年，拉斯普京遇到了来自俄国社会各个阶层各种各样的人。许多见过他的人回忆，拉斯普京有一种独特的魅力，可以在短时间内理解他人，知道对什么样的人该说什么样的话，和自己遇到过的任何神甫或圣人都不一样。因为他没有把自己局限在书本里或者修道院，而是真实地体验生活，接触真实的人。谈到上帝的时候，他会用普通人能够理解的方式传递想法。他并非通过学习，而是通过真实生动的经历深化

▲ 被崇拜者包围的拉斯普京，社会各界的人物都被他所吸引

局外人对他很好奇……把这当成一种娱乐。

了自己的信仰。

这种魅力开始吸引人们来到拉斯普京的家。远道而来的村民和朝圣者在这里交流、祈祷并向他寻求帮助，他很快便聚集起一群忠诚的追随者。不过，负面影响也随之出现，传说他经常会见年轻女子，他的追随者会给他洗澡，他向信徒传授神秘仪式。

波克罗夫斯科耶的当地神甫对拉斯普京嗤之以鼻，可能是因为这个自命不凡的农民比自己还受欢迎而使他心生恼怒。考虑到这些声音的拉斯普京只好取消聚众活动，神甫以为风波就这样结束了。

当拉斯普京对外宣布要去圣彼得堡时，另一位圣人警告他"那里会摧毁你"。可他并不在意，没有人能够阻止他完成心中唯一的使命，他带着一封使他得见圣彼得堡神学院院长谢尔盖大主教的介绍信离开了。随后，通过谢尔盖大主教的引荐，圣彼得堡好奇的精英们认识了拉斯普京，很多伯爵和伯爵夫人都被这个言辞温柔有力但衣衫褴褛的流浪者所吸引。

很快贵族就把他介绍给其他朋友们，他成为家喻户晓的大人物。在与黑山的米莉察公主及其姐姐成为好朋友后，她们把拉斯普京介绍给了全俄国最有权势的两个人——沙皇和皇后。

拉斯普京就算是自己谋划，也不可能找到比现在更好的时机认识皇室家族。当时俄国形势风雨飘摇，皇室遭到强烈抵制，眼见就要失去对国家的控制权。拉斯普京坐下来听亚历山德拉倾诉苦衷，并且深刻地探讨宗教问题。这位圣人语气和缓地对她说，她的丈夫需要亲近平民，而且她应该相信丈夫的话。亚历山德拉很快与拉斯普京亲近起来，因为她坚信帝国的国运，并相信拉斯普京是上帝派来保护皇室的力量。

当儿子阿列克谢血友病发作的时候,亚历山德拉立即召唤来了自己深信不疑的拉斯普京。她十分了解病情的严重性,她的叔叔和哥哥因为同样的遗传性疾病去世,她唯恐它也会夺走儿子的性命。阿列克谢是俄国皇室的未来,拯救他就是拯救沙皇的帝国。她到处求医问药仍一无所获,因此当儿子危在旦夕的时候,这位适逢其会的神秘圣人就成了亚历山德拉唯一的希望。

拉斯普京进宫来到小男孩床边祈祷,令人惊讶的是,小男孩平静下来,病情很快好转。还有一次,阿列克谢受伤了,躺在床上痛苦地呻吟了好几天。亚历山德拉想起拉斯普京曾经治愈过自己的孩子,随即给他发电报。拉斯普京回复说:"小男孩不会死,不要让医生打扰他。"正如他所说,小男孩慢慢康复,亚历山德拉确信就是他治好了自己的儿子。他不仅是阿列克谢的医生,还成为这个家庭的密友,有时还能为沙皇提供建议。很多人注意到他与皇室的关系以及对政治的影响。拉斯普京住在戈罗霍夫瓦亚街,经常有农民向他求助,不过想要谋求官场好处的贵族更多。

不过,还是有很多人不喜欢这个举止怪异的农民,关于拉斯普京的谣言开始重新出现。有人

拉斯普京到底有几条命

谋杀拉斯普京的人发现,他是真的命大

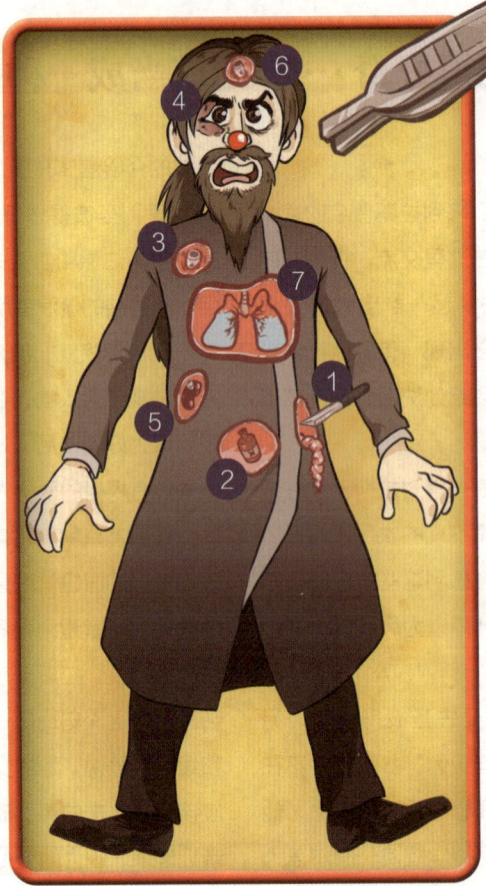

01 刺伤
之前某个妓女刺穿了拉斯普京的内脏,她还尖声喊叫:"我杀了反基督的人。"可是经过手术拉斯普京恢复了健康。

02 下毒
一群担心国家前途的密谋者引诱拉斯普京去他们的家里做客,劝他喝酒并且吃下带有氰化物的蛋糕。投放在食物中的毒药足以杀死好几个青壮年,可是拉斯普京毫发无伤。

03 中枪
某位密谋者发现拉斯普京没有中毒,冲到楼上抄起一把左轮手枪对准他的胸部开枪,子弹穿胸而过,可他还是没死。

04 殴打
拉斯普京中枪之后从楼梯上滚下来,试图从庭院逃跑。密谋者们随后追上他,用橡胶球棒一顿殴打。

05 中枪
在拉斯普京试图逃跑的过程中,追击者向他开了四枪,但只有一颗子弹击中他的右肾,弹头留在脊椎中。

06 中枪
找到尸体后,人们发现他的额头中间有枪伤。据说是拉斯普京突然又动了起来,其中一位身份神秘的密谋者开了这一枪。

07 溺水
他们用毛毯把拉斯普京(据说还活着)捆起来扔进冰冷的河里。人们找到尸体后发现他伸出的手臂貌似在画十字。

直接到尼古拉和亚历山德拉面前告状，不过很快就被赶走。当有人劝说沙皇将此人流放托博尔斯克时，尼古拉说："我了解拉斯普京的为人，不会相信这些闲言碎语。"对拉斯普京最严厉的指控之一是，他是从东正教分裂出来的地下教派克利斯都（Khlysty）的成员。该教派因其特殊的舞蹈和滥交而出名，而拉斯普京就很会跳舞，这种巧合让他的罪名更加可信，很多东正教会的人物跳出来指控他各种不道德的行为。

面对源源不断的指责，尼古拉别无选择，只能调查这位圣人。可两个月的调查什么也没发现，最终不了了之。此后，任何批评拉斯普京的人都会遭到皇室的谴责，公然反对他的政客发现自己被免职，顺从的人取代了他们的位置，而皇室也越来越不得人心。

如果尼古拉不与其他人一起谴责拉斯普京，那么两人就会被绑在一起毁灭。拉拢和支持一个被多数人反对的邪恶力量，对尼古拉的威信没有任何好处。

在1914年遇到一次未遂暗杀之后，拉斯普京性情大变，可能这段经历让他无法轻信他人。不管拉斯普京认为自己做得对不对，他已经树敌无数。皇后不愿承认他的恶劣影响，所以贵族们决定动手除掉他。一群人以会见沙皇侄女为借口，诓骗拉斯普京于1916年12月17日前往尤苏波夫宫，然后拉斯普京杳无音信。第二天一早人们发现他失踪了，在一番搜查之后，在马拉亚内夫卡河岸边发现了他僵硬的尸体。

当这群人密谋杀害拉斯普京时，他们是想消除他对君主政治的强大影响力。然而，俄国的君主政治已经无可救药，就算杀死他也于事无补。当他被谋杀的时候，俄国早已错过悬崖勒马的时机，一切都太晚了。1916年12月，拉斯普京曾为沙皇留下一封奇特的预言信，信中说如果他被

谋杀拉斯普京的人们

这些失望透顶的人密谋杀掉拉斯普京

费利克斯·尤苏波夫

费利克斯的家族比罗曼诺夫皇族还要富有，他是活着的男性继承人中最年长者，所以有望继承巨额财产。虽然他思维敏捷，可因逃避参加第一次世界大战而饱受责备。他是亚历山大·罗曼诺夫侄女伊琳娜公主的丈夫，尤为厌恶拉斯普京对家族产生的影响，所以成为本次刺杀的主要策划者。

德米特里·帕夫洛维奇大公

德米特里是亚历山大二世的孙子，可惜他的叔叔，也是他的监护人在一次革命者的袭击中不幸身亡，之后他就和沙皇一家一起生活。大家都知道他是花花公子，他的浪荡行为可能致使其无法迎娶沙皇的长女奥尔加。他晚年搬到巴黎生活，据说还和可可·香奈儿有私情。

弗拉基米尔·米特罗法诺维奇·普里什克维奇

出生在东欧比萨拉比亚的普里什克维奇是激进的右翼分子，他还成立了反革命组织俄罗斯人民联盟。后来他被选入国家杜马，他可不是什么善茬。他在暗地里谋划如何才能彻底消除拉斯普京的影响

斯坦尼斯劳斯·德·拉佐维特

拉佐维特出生于波兰，后来移居俄国。他在第一次世界大战期间和普里什克维奇相识。因为拉佐维特是一位医生，所以他被安排负责在蛋糕中下毒，准确来说是投放氰化钾。据说毒药的剂量足以杀死几名青年壮汉，可是拉斯普京还是安然无恙。自此以后人们一直认为是他意志不够坚定，其实根本没有下毒。

谢尔盖·米哈伊洛维奇·苏霍京

他是俄军最古老的精锐部队普列奥布拉任斯基军团的中尉，据说是费利克斯的老朋友，可惜在战争刚开始时便负伤退出。除此之外，人们对苏霍京知之甚少，但是据说他与某位密谋者过从甚密。

沙皇的亲戚杀害，那么"你的孩子没有一个能活过两年以上"。他预言沙皇的死亡和反基督者的到来会使国家陷入瘟疫和贫困，他还说，"俄罗斯大地将走向死亡"。

阿纳斯塔西娅

神秘失踪的女孩

关于最年轻女大公还活着的传言越来越多,
一个女人成为惊世骇俗消息的核心人物。

格雷格·金 / 文

　　1918年7月17日凌晨,在关押前沙皇尼古拉二世及其家人的伊帕切夫豪华别墅的地下室中传来阵阵枪声。30分钟后,一辆卡车轰隆隆地开出大门,消失在西伯利亚漆黑的夜里,再也没人见过沙皇一家。就在两个月前,四位年轻女性来到伊帕切夫别墅,她们分别是奥尔加、塔季扬娜、玛丽亚和阿纳斯塔西娅,尼古拉和亚历山德拉的女儿。这座监狱与1901年6月18日阿纳斯塔西娅出生的富饶世界有着天壤之别——那是充满宫殿、游艇以及鞠躬的群臣的世界。不过,和她的三个姐姐一样,她并没有被娇生惯养,她和玛丽亚同住一屋,睡军营床,洗冷水澡。

　　阿纳斯塔西娅五官精致,一双蓝眼睛十分明亮,可惜身材像是受到诅咒一般矮胖。她的督导教师皮埃尔·吉利亚尔认为她"虽然是个有天赋的孩子,但极其懒惰",可大家都认为她活泼聪明,机智幽默的她很快在家族中占有一席之地。她曾经是个假小子,擅长爬树或者恶作剧吓唬亲戚。皇家医生的儿子格列布·博特金回忆道:"她是出了名的淘气天才,肯定是家里挨罚最多的。"

　　1917年其父亲退位时,这个金发碧眼的女孩已经初露风采。可是阿纳斯塔西娅不能参加聚会也不能去跳舞,她在满是灰尘的矿业小镇度过了17岁生日,周围都是粗鲁的士兵。随着红军和白军的内战延烧到叶卡捷琳堡附近,他们感受到的威胁越来越大了。

　　苏俄政府对外宣布,尼古拉二世已于1918年7月17日被处决,但并没有提到家人的名字。白军调查员尼古拉·索科洛夫声称,伊帕切夫别墅的军官雅科夫·尤罗夫斯基和他的手下枪杀了沙皇全家和随行仆人,但是索科洛夫从未见到过

▼ 女大公阿纳斯塔西娅是尼古拉二世和皇后亚历山德拉的第四个女儿。因有人伪装她而成为俄国最有名的公主

▲ 处决沙皇的地点，伊帕切夫别墅地下室

▲ 1931年安娜·安德森的照片

▲ 1910年，身穿俄国传统宫廷服饰的阿纳斯塔西娅

尸体。他想当然地认为，尤罗夫斯基把尸体送到附近波季亚奇（Koptyaki）森林肢解并焚烧，再用酸分解剩余的东西，最后扔进了矿井。

由于没有人亲眼见到沙皇一家的遗体，所以人们猜测可能有一个或多个成员逃跑了。没有人知道1918年7月那晚到底发生了什么。虽然人们怀疑沙皇全家都已不在人世，但许多逃到欧洲的俄国难民还是抱着有人幸存的希望。

近两年后，1920年2月某个寒冷的夜晚，有人在柏林的运河中救起一位年轻女子。她浑身是伤：下巴被打得已经断裂，牙齿松动，医生判定有一颗子弹擦过了她的头部。因为她拒绝说出自己的姓名，当局只好把她送到达尔多夫精神病院，在那里她仍然保持沉默。医生和护士都能证明她精神正常，但她对过去只字不提。直到1922年，她突然宣布自己是阿纳斯塔西娅，行刑时被好心的士兵奇迹般地解救出来，并偷偷地送出俄国，这让所有人都大吃一惊。

这个消息像野火一样在俄国移民社区传播开来，流亡的贵族们来到床边探望她，然后争论她的外表和说俄语的能力。亚历山德拉皇后的姐姐普鲁士的伊雷妮公主说，"我一看就觉得不是外甥女"，因为她自称"阿纳斯塔西娅·柴科夫斯基"，显然不可信。不过事后她痛哭着喃喃地说："她很像，如果她不是的话，那这说明什么呢？"伊雷妮和其他人一样都惊讶于她们惊人的相似：一样的身高、蓝色的眼睛、脚部都有踇外翻，而且似乎还知道沙皇家庭生活的细节。

如何证实她的身份呢？1925年夏天，尼古拉二世的姐姐，女大公奥尔加请求阿纳斯塔西娅

俄国的阿纳斯塔西娅

两位冒牌者

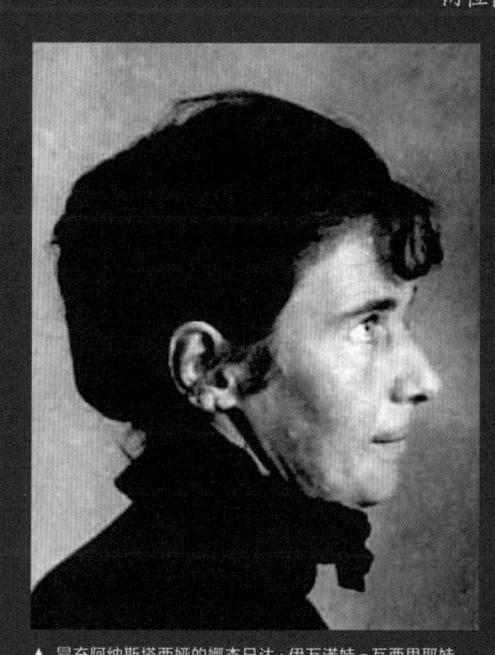
▲ 冒充阿纳斯塔西娅的娜杰日达·伊万诺娃－瓦西里耶娃

冒充俄国皇室成员的行为不仅出现在西方，俄国也出现过如娜杰日达·伊万诺娃－瓦西里耶娃和纳塔利娅·比利克霍兹等至少12个"阿纳斯塔西娅"。1934年伊万诺娃－瓦西里耶娃出现后，在被关进"对社会有危险的精神病患者"的收容所之前，她设法给乔治五世国王写信告知自己的身份。医生体检的时候发现她身上有多处子弹枪伤，除此之外她还会说法语和德语，不过没有其他证据。1971年她在监禁中死亡，之后被草草埋葬。更让人惊讶的是，2002年出现了自称是101岁的阿纳斯塔西娅的纳塔利娅·比利克霍兹，她说叶卡捷琳堡的白军救了自己。在莫斯科举办了一场各国记者参加的新闻发布会，会上称正在德国和日本进行22项笔迹分析、照片比对以及DNA比对，以检验比利克霍兹到底是不是阿纳斯塔西娅，结果将很快公布。比利克霍兹还说只要结果出来，她就把尼古拉二世存储在国外银行的2万亿美元交给俄罗斯政府。不过此后并没有公布任何结果，比利克霍兹则默默无闻地去世。

之前的督导教师皮埃尔·吉利亚尔前去探望，她说："如果真的是她，请打电报告诉我，我会去柏林找你。"虽然吉利亚尔找不到这个女子和阿纳斯塔西娅有一点相似的地方，但他又不想成为最后做出决定的人，所以同年秋天阿纳斯塔西娅的教母奥尔加来到柏林，她也是极少数经常拜访尼古拉和亚历山德拉的人，因此她最有资格做出判断。

可是随后发生的反转令人大跌眼镜。支持这个女子就是阿纳斯塔西娅的人坚信，奥尔加和吉利亚尔证实了她的身份，女大公探望后还写信给这个自称"阿纳斯塔西娅·柴科夫斯基"的女子，告诉她："你不是独自一人，我们都不会抛弃你。"可奥尔加私下却吐露说并没有在柏林找到侄女，她言之凿凿地写道："这完全是编造的，很多从未见过真阿纳斯塔西娅的人对此却深信不疑。"

奥尔加的表兄弟安德烈大公（他认为此人是阿纳斯塔西娅）说奥尔加私下没有那么坚决，她是被迫不与外甥女相认的，或者说不想伤害年迈的母亲玛丽亚·费奥多罗芙娜皇太后的感情。此事成了大家共同的话题：大公、女大公、王子和公主在家庭压力下要么承认要么否认的状况导致欧洲王室内部矛盾不断。"阿纳斯塔西

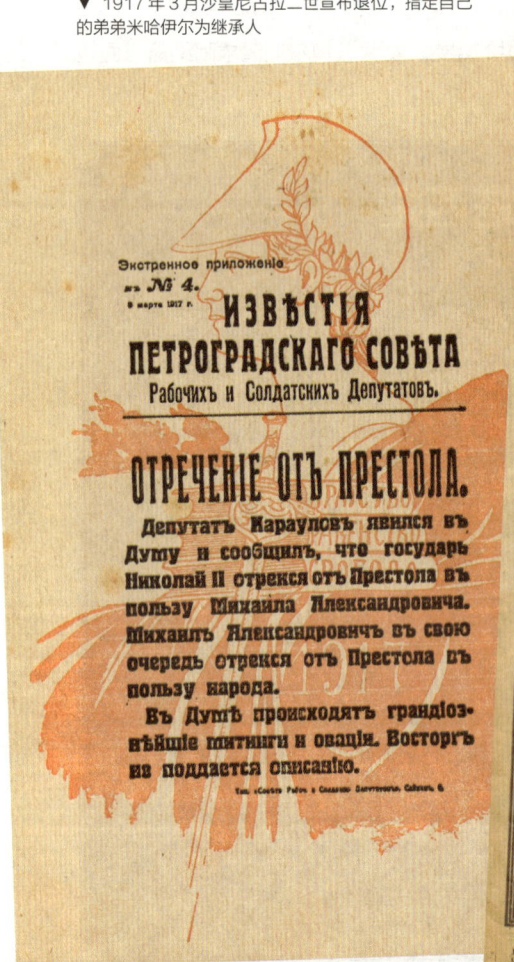

▼ 1917年3月沙皇尼古拉二世宣布退位，指定自己的弟弟米哈伊尔为继承人

娅·柴科夫斯基"有忠心耿耿的追随者,在她明显含糊地回答了一连串问题之后,真正的女大公的表兄,普鲁士的西吉斯蒙德王子证实了她的身份。亚历山德拉皇后的朋友莉莉·德恩同样毫不怀疑:"我还能说什么呢?我了解她,肯定不会认错。"

"阿纳斯塔西娅·柴科夫斯基"的最坚决支持者有两位,一位是格列布·博特金,另一位是博特金的姐姐塔季扬娜,姐弟俩的父亲在叶卡捷琳堡和沙皇全家被一同处决,他们坚信年轻女子就是阿纳斯塔西娅,尽管他们承认她的外表有些变化。1928年博特金成为她的保护人,安排她前往纽约拜访阿纳斯塔西娅的堂姐,俄国公主齐妮娅。这位女子傲慢的举止、蓝色的眼睛以及"直觉上貌似是一家人"等特征给齐妮娅留下了深刻印象,可是数月之后她终于发现此人不好相处,之后"阿纳斯塔西娅·柴科夫斯基"搬到了纽约某上流社会贵妇家里。人们难以理解这名女子古怪的行为,也无法接受其过度消费的生活方式,最后歇斯底里的她被拖进了收容所,随后她就回到了德国。

1928年尼古拉二世的母亲去世后,沙皇一家的12位亲属公开谴责"阿纳斯塔西娅·柴科夫斯基"是骗子。十年后,她以"安娜·安德

谁是尤金妮亚·史密斯?

安娜·安德森的宿敌

1963年秋,《生活》杂志的封面报道是"新阿纳斯塔西娅案"。不知道从哪里冒出来的芝加哥人尤金妮亚·史密斯称自己是真正的女大公,到处宣扬自己所谓的记忆。和安德森一样,她也说自己是被好心的守卫从叶卡捷琳堡救出来的,然后被带到欧洲。

一名前中情局特工称,尽管人类学家和笔迹专家不支持她的说辞,可测谎仪证明她没有问题。真正的阿纳斯塔西娅的堂姐妹尼娜·恰夫恰瓦泽公主见过史密斯之后称她是冒牌的:"整张脸完全不一样,鼻子、耳朵、嘴,所有的一切都太小了,俄语口音也不对。每当我想聊聊小时候的事儿,她就说那是一段可怕的回忆。"

1963年当史密斯见到前波兰特工米哈伊尔·戈罗洛涅夫斯基上校的时候,事情变得越发神奇,这位特工说自己是公主的弟弟阿列克谢,两人见面时认出彼此是失散多年的亲人(可之后两人闹翻并互相否认)。很快研究人员就查明她是1899年出生于布科维纳的尤金妮亚·德拉贝克。

安娜·安德森对这些"揭秘"嗤之以鼻,在她看来尤金妮亚·史密斯是"蒙巴顿的傀儡",是自己计划的破坏者。然而史密斯因为真的具有女大公的优雅举止而吸引了众多追随者,安德森的行为则过于古怪。

1991年发现罗曼诺夫遗体之后,史密斯拒绝接受DNA测试,她一直坚称自己是失踪的阿纳斯塔西娅公主,直到六年后死于美国罗得岛州。

森"的名字向法院提起诉讼，对沙皇一笔财产的分配提出异议。这笔存在柏林一家银行的财产在第一次世界大战开始时被冻结，1933年，这些价值已经大大缩水的钱被尼古拉二世幸存的亲属瓜分。这起诉讼从1938年断断续续地拖延到1970年，成为德国历史上历时最长的诉讼案件，真正的阿纳斯塔西娅的第一个表兄蒙巴顿勋爵为皇后亚历山德拉在黑森故乡的亲属支付了律师费。大部分时候，审判变成了痛心的指控、双方证人诛心的战场。控方律师找来人类学家和笔迹专家证明安德森就是女大公，辩方则针锋相对进行反驳。然而安德森自己却总是拒绝与律师合作，她曾说："你要么信，要么不信，我都无所谓。"这种态度反而增加了她身份的可信性，毕竟哪个骗子会如此喋喋不休还拒绝合作呢？

20世纪50年代中期，安德森默默无闻地住在德国的黑森林地区。1956年根据安德森的故事改编的电影《阿纳斯塔西娅》上映，女演员英格丽·褒曼因此获得奥斯卡金像奖，很多游客还会坐车前往安德森的小屋，翻过栅栏叫喊着让她出来。全世界的杂志报刊绘声绘色地描述失踪公主的传奇故事、走向悲剧的现代童话，这些铺天盖地的报道使她名声鹊起；不知何故，人们或多或少地相信阿纳斯塔西娅是沙皇一家的幸存者。1970年最后的判决公布时，没有人感到满意，安德森无法证明她是阿纳斯塔西娅，而联邦德国最高法院称也没有决定性证据说明真正的女大公死于1918年。

此时的安德森已经彻底离开了德国。1968年格列布·博特金再次带她前往美国，并把她介绍给富有的历史学教授杰克·马纳汉。安德森喜欢美国，尤其是博特金和马纳汉居住的弗吉尼亚夏洛茨维尔的大学城。1968年12月23日她和马纳汉结婚，博特金做伴郎，这位教授自豪地说自己是"沙皇的驸马"。

古怪的马纳汉一度成为夏洛茨维尔的名人。身材矮小的"女大公"经常光顾一个豪华的乡村俱乐部，身穿格子裤、塑料红雨衣，头戴黄帽子，她不遵守餐桌礼仪，而且和丈夫用一连串蹩脚的英语和德语大声争吵，让周围的人非常不满。之后这对夫妇逐渐足不出户，他们曾经看起来很精致的房子周围变得垃圾成堆，到处是腐烂的蔬菜，还有一群近亲繁殖的猫猫狗狗。记者和作家还是会络绎不绝地拜访这位皇室名人。1983年作家彼得·库尔思出版了一本安德森自

▲ 1926年7月法国某报刊描述沙皇一家行刑过程的文章，标题是哗众取宠的《沙皇的儿子还活着》

人们或多或少地相信阿纳斯塔西娅是沙皇一家的幸存者。

▲ 沙皇一家最后被关押于叶卡捷琳堡的伊帕切夫别墅

传,书中提供了大量对她有利的证据;对于多数人而言,她根本就是阿纳斯塔西娅。1984年2月12日,她因身患肺炎而不治身亡,享年82岁(根据她的说法),很多人是通过她去世的新闻记住了她。

安德森是不是阿纳斯塔西娅,似乎已经成了一个无法解开的谜。1989年,苏联政府公开了负责行刑的伊帕切夫别墅指挥官雅科夫·尤罗夫斯基留下的几份报告,详细描述了枪击和处理尸体的过程。报告中说运送尸体的卡车在波季亚奇森林抛锚,于是他们焚烧了阿列克谢和其中一个姐姐的尸体,并将其与其他九名受害者分开埋葬。1991年,沙皇一家的埋葬地被发现,英美专家提取了骨骼残骸上的DNA,其中四组DNA与爱丁堡公爵(他的外祖母是亚历山德拉皇后的姐姐)捐赠的DNA相匹配,而另一组与罗曼诺夫家族成员的DNA比对后可以证明是尼古拉二

▲ 雅科夫·尤罗夫斯基是列宁的密友,负责处死末代沙皇

秘密处决
沙皇一家的真实命运

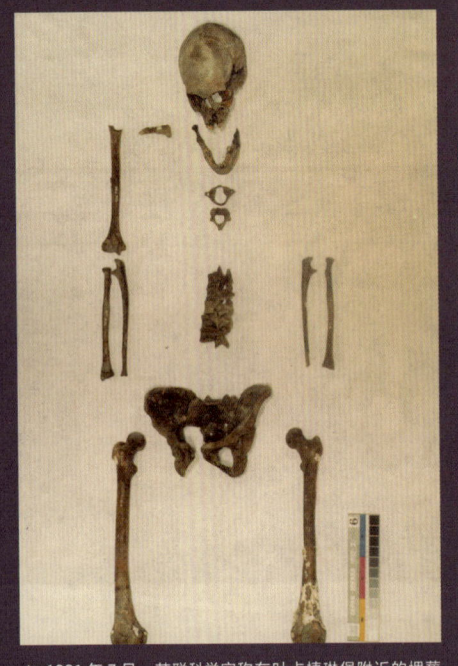

▲ 1991年7月,苏联科学家称在叶卡捷琳堡附近的埋葬地发现阿纳斯塔西娅骨骸

▲ 1929年安娜在美国时的照片

1998年7月17日是沙皇一家在叶卡捷琳堡被杀70周年纪念日,俄罗斯为尼古拉二世、皇后亚历山德拉、四位女儿中的三位以及一直跟随他们的四位家仆举行国葬,他们被安葬在罗曼诺夫家族传统的安息地圣彼得堡彼得保罗要塞大教堂。两年后,俄罗斯正教会将他们封为受难圣徒。不过,还有两具遗体下落不明。16年来,多个调查小组来到波季亚奇森林寻找尤罗夫斯基描述的第二个埋葬地,2007年8月,一群历史学家和人类学家找到了距离第一个埋葬地60米的浅坑。他们发现了48块破碎且烧焦的骨头碎片,有股骨、头骨还有一些牙齿,法医鉴定这是两个人的残骸,一位是年龄12岁到15岁的男性,另一位是15岁到19岁的女性。经美国武装部队DNA鉴定实验室迈克尔·科布尔博士鉴定后证实,这两具都是尼古拉二世和亚历山德拉皇后孩子的遗体。阿列克谢终于找到了,那么另一位女性是哪位女大公呢?俄罗斯科学家认为是玛丽亚,而美国法医专家经过二次鉴定认为是阿纳斯塔西娅,这个问题一直无解。调查一结束,俄罗斯政府便将遗骸送回了圣彼得堡。

世。但疑团并没有因此消除,反而激发了人们的好奇心:还有两具遗骸下落不明,一个是患有血友病的皇储阿列克谢,另一个是他的姐姐。尤罗夫斯基描述的第二个埋葬地经过长期搜查也未能找到,也许是为了解决关于幸存者的悬案,俄罗斯科学家采用照片比对法,坚持认为已经找到了阿纳斯塔西娅遗体,不过女大公玛丽亚失踪了。美国专家指出,根据牙齿发育情况、骶骨以及骨骼的发育情况,能够说明阿纳斯塔西娅没有被埋在第一个埋葬地。

难道安德森真的是阿纳斯塔西娅?科学家想要通过DNA技术解开谜团。安德森的遗体已经火化,但她的一小部分肠道在1979年被切除,保存在夏洛茨维尔医院,此外还有几缕头发,都可以和沙皇一家的遗骸进行DNA比对。结果令人诧异:安德森的基因和被发现的遗骸或者罗曼诺夫家族其他亲属的基因不符,她不可能是女大公阿纳斯塔西娅。

如果不是阿纳斯塔西娅,那她是谁呢?自

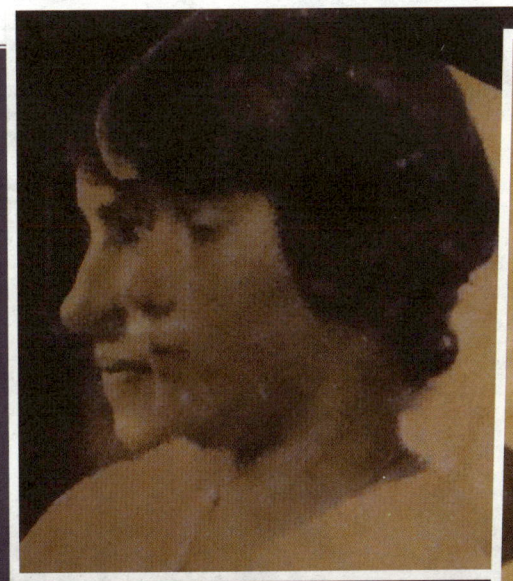

阿纳斯塔西娅和冒牌者

一开始被安娜·安德森欺骗的皮埃尔·吉利亚尔后来成为冒牌女大公最声嘶力竭的反对者，甚至还出版了一本书《阿纳斯塔西娅的冒牌者》，书中详细说明了他1927年对两位女性照片的比对测试。他将阿纳斯塔西娅（他做督导教师的时候拿到的一张照片）和安娜·安德森的脸部照片重叠在一起比较特征，不同之处甚多，这完全是两个人。他在余生中一直公开抨击安娜·安德森是冒牌货，根本不是阿纳斯塔西娅。

20世纪20年代末开始，反对者就认为她的真实身份是西普鲁士（今属波兰）某德国工厂的女工弗兰齐斯卡·尚兹科夫斯卡（Franziska Schanzkowska），在警察从运河中找到"阿纳斯塔西娅·柴科夫斯基"之前就失踪于柏林。科学家从尚兹科夫斯卡的侄孙卡尔·毛赫尔那里获得了一份血液样本，与安德森的肠道和头发进行DNA比对，发现可以匹配。皇室名人原来只是个乡下姑娘。

可鉴定结果还是未能解开这个谜团。一个没受过教育的农妇是如何通过众多皇室贵族的考验，被认定是真正的俄国女大公呢？如何解释她们有一样的伤疤、一样的跆外翻、一样的蓝色眼睛以及令人信服的清晰记忆呢？某种意义上讲，弗兰齐斯卡·尚兹科夫斯卡冒名顶替的经历就像阿纳斯塔西娅奇迹般幸存的故事一样精彩：几十年如一日的伪装说明她能力非凡、聪慧过人而且十分狡猾，足以让她像真正的公主一样引人注目。

弗兰齐斯卡1896年出生于没落的贵族家庭，她聪明伶俐，会说三国语言，学习成绩优秀，并不像人们说的那样是没受过教育的农民。她的家庭生活很悲惨，父亲酗酒，母亲则虐待她，这一切都让她想过上更好的生活。家乡海根

多夫的朋友们还记得她装腔作势的行为。她17岁搬到了柏林,在一家兵工厂工作。1916年8月22日,她弄掉的一颗手榴弹炸死了工头,弗兰齐斯卡因此精神崩溃。接下来的两年里,她一直在收容所进进出出,之后在德国北部的俄国战俘营附近做农业工人。在这里她学会了俄语,虽然说得不好,但能听懂。1918年秋某位士兵不知出于什么原因攻击弗兰齐斯卡,用农具打伤了她的下巴,她的牙齿也松动了,此事留下的疤痕被弗兰齐斯卡谎称是在叶卡捷琳堡行刑时造成的。

之后她和安娜·温根德及其女多丽丝在柏林的公寓休养了15个月,不停地抱怨头疼牙疼。安娜回忆道:"她总是说想成为一个大人物。"弗兰齐斯卡几乎不出门,每天躺在床上读浪漫小说,到了1920年2月的第三周,她失踪了。1927年,温根德母女看见报纸上弗兰齐斯卡的照片,报道她是幸存的阿纳斯塔西娅,她们才知道发生了什么事情,之后一名编辑将她们介绍给了马丁·克诺普夫。克诺普夫是亚历山德拉皇后的哥哥黑森大公恩斯特·路德维希雇用的私家侦探,这位侦探很快就查到了弗兰齐斯卡的母亲玛丽·安娜和住在海根多夫的妹妹玛丽亚·尤利亚娜。两人都确认假冒公主是走失的女儿,弗兰齐

▲ 1968年以前安娜一直居住的德国黑森林小屋

▲ 安娜·安德森大约82岁时拍摄的照片,当时她以阿纳斯塔西娅·马纳汉自居,1984年去世,实际年龄87岁

◀ 建造在沙皇一家被杀地点的滴血教堂

斯卡同村的朋友也表示同意。

多丽丝·温根德在与假冒公主对质的时候,立刻认出她是母亲的房客;弗兰齐斯卡的弟弟费利克斯也认出这是自己的姐姐,但很快因为害怕受到连累又公开表示自己认错了。十年后纳粹政府再次安排弗兰齐斯卡与其家人对质,她的姐姐加蒂马上认出了弗兰齐斯卡,但经过简短协商之后她的兄弟姐妹们说服加蒂拒绝签署声明。费利克斯之前说谎是为了保护母亲免受法律诉讼,现在全家出于同一个原因必须保护费利克斯。

令人惊奇的是,安德森的支持者认为她不是弗兰齐斯卡,坚信只是反对者炮制的故事。这就是欲望的力量,它让她编造的神话变得更加可信。弗兰齐斯卡充分利用这种欲望实施她的计划,玩弄那些深深地沉迷在悲剧童话里的人。她大量阅读,研究皇室明信片,学习英语,兢兢业业地表演了60年的女大公,唯恐暴露自己的真实身份。她曾在无意中说出:"我是谁,我应该假装成谁?"

她确实有独特的能力,装模做样的把戏骗得人们团团转。阿纳斯塔西娅可能在1918年就死于非命,但弗兰齐斯卡却替她活下来,使她成为历史上最有名的俄国公主。

来自俄国皇室的战利品

全世界最富有的俄国罗曼诺夫皇室在
大革命之后发生了什么？

彭妮·威尔逊／文

彼得大帝在位期间建立了永远属于罗曼诺夫家族的钻石基金，禁止售卖、捐赠或替换。

◀ 1922 年苏维埃政府拍摄的罗曼诺夫皇室珠宝照片

▲ 政府工作人员正在清点从尤苏波夫宫挖出的众多珍贵宝物

1914年，当俄罗斯帝国最后一位沙皇尼古拉二世带领国家参加第一次世界大战时，他的家庭是全世界最富有的家庭。罗曼诺夫王朝统治时期长达300年，占据全世界1/6的领土，积累的财富价值相当于今天的2800亿美元。不到四年之后，尼古拉及其直系亲属死于新政府之手，所有的奇珍异宝都被没收。所有能搬走的皇家收藏品——也是最主要的部分——都被拆开、称重、测量，最后售卖，就像是被海浪冲到世界各地的巨轮残骸。

尼古拉退位后，和全家被囚禁在郊区的亚历山大宫。在这里，他们度过了相对舒适的481天，全家人可以进入生活区和私人花园，靠种植蔬菜打发时间。沙皇一家一直希望离开俄国流亡英国，但他们的堂兄乔治五世国王和玛丽王后拒绝给他们庇护，可能是害怕俄国革

▲ 罗曼诺夫婚礼皇冠也是拍卖会上的众多拍品之一

到第一次世界大战时，钻石基金积累的珠宝价值连城。

命会荼毒自己的国家。替代方案似乎同样成问题，临时政府首席部长亚历山大·克伦斯基决定将他们流放到国内西伯利亚一个安静的小城托博尔斯克。

1917年7月31日，末代沙皇一家在亚历山大宫的半圆形大厅里等待汽车接他们到附近的私人火车站，然后他们将登上一列带有日本红十字会旗帜和徽章的火车离开。他们焦灼地在寒夜中等到凌晨5点，车终于来了。42位忠诚的朋友和他们一起离开行宫——其中很多人日后都死于非命，此外还有50个大行李箱，分别装着衣服、书籍、家庭用品、药品、瓷器、玻璃器皿、金器银器以及很多属于皇后和四位年轻女大公的私人珠宝，此外还有礼仪剑、宫廷珠宝和小饰品。孩子们的英语老师西德尼·吉布斯猜测这些珠宝价值超过100万卢布，但他的估值过于保守了：沙皇一家带到东部的金银珠宝在1917年价值280万卢布（约合现在的1470万英镑或1850万美元）。

虽然沙皇一家带走了大量财宝，可他们留下的宫殿、家具、艺术品以及更多的珠宝首饰依然是无价之宝。

彼得大帝在位期间建立了永远属于罗曼诺夫家族的钻石基金，负责收藏皇冠、后冠、权杖、宝球、头饰、项链、手镯以及其他饰品，禁止售卖、捐赠或替换，之后的每一位沙皇都会向其中添加藏品。到第一次世界大战时，钻石基金积累的珠宝价值连城，包括如洛可可和新哥特等各种风格的藏品，还有几颗著名的宝石，如恺撒红宝石和一块据说是从"希望之星"上切下来的钻石。这些皇室宝藏尽数存在冬宫的保险库中，但战争期间沙皇采取预防

▼ 1907年，沙皇皇后亚历山德拉头戴珍珠钻石王冠

遗失的皇室法贝热彩蛋

还有7个待寻回的彩蛋散落在世界各个角落

很少有像皇室法贝热彩蛋这样与罗曼诺夫王朝联系极为密切的艺术品。50枚完整彩蛋中只有43枚记录在案,其他的则失踪多年。遗失的彩蛋大部分是早期的,很有可能是因为其设计比后来的蛋简单得多,因此不像后期更精致和装饰性更强的蛋那样受人关注,只被当作小饰品出售。

遗失的7个彩蛋都是皇太后玛丽亚·费奥多罗芙娜的藏品。

1886年:蓝宝石吊坠彩蛋

一只点缀着玫瑰式切割钻石的金母鸡,在一个珠宝篮子中叼着蓝宝石鸡蛋吊坠。皇后十分珍惜亚历山大三世送给自己的礼物,这颗彩蛋保留到了大革命之后。1922年,坊间传言有一个"有玫瑰式切割钻石点缀的银母鸡站在金架上"的饰品被送到苏俄政府的商店,可能这就是彩蛋里面的母鸡。

1897年:红色爱心彩蛋

人们对这只彩蛋知之甚少,虽然有人认为它是用紫红色珐琅和黄金制作的,不过还是无法确定。1917年和1922年苏俄编制的皇室宝藏清单中,没有一项可以确定是这枚蛋,所以人们猜测它要么是皇太后离开俄国时带走了,要么是在1917年之前就丢失了。据说彩蛋里面是心形三叶草的轮廓的相框,表面用钻石拼出"1897"字样。1978年福布斯收藏馆在佳士得日内瓦拍卖会上拍下了这个相框,2004年转手维克斯贝格基金会。这枚彩蛋有可能保存到了1935年,据说当时皇太后的女儿齐妮娅女大公将一枚带有微型肖像的复活节彩蛋借给了伦敦的一个俄罗斯艺术展。

1902年:沙皇玉雕彩蛋

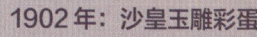

这颗彩蛋的资料比红色爱心彩蛋更少,它是按照皇室风格采用黄金、钻石、软玉以及象牙或贝壳作为原料制作而成。它内部是什么并不清楚,20世纪50年代时,人们认为有可能是装裱在软玉相框中的亚历山大三世微型画像,该画像在皇太后的女儿齐妮娅女大公手中。2004年一份轰动一时的出版物声称,这颗彩蛋已经被发现,而且法贝热专家亚历山大·冯·索洛德科夫表示赞同并发表文章证实该消息,但还是有很多法贝热研究学者对此表示质疑。2015年关于这枚蛋的最新消息是,加特契纳宫内发现了一份皇太后侍从在1917年编写的个人物品清单,清单中提到"一枚放在两列软玉之上的金蛋",里面是皇太后女儿奥尔加和第一任丈夫奥尔登堡的彼得王子的微型肖像。

1888年：天使与战车彩蛋

这个作品是将一个小银蛋放在银马车上，车把中间是一尊银丘比特雕像。这枚彩蛋有半张照片，那是在1902年圣彼得堡展览会上，它倒映在玻璃橱窗上的照片。20世纪30年代这枚蛋被卖给阿曼德·哈默，他于1934年在纽约转手给了埃塞尔·甘东·道格拉斯夫人。一位不知名的买家在1941年道格拉斯夫人的庄园拍卖会上花了22.5万美元将这枚彩蛋和很多成对的银器一起买走。

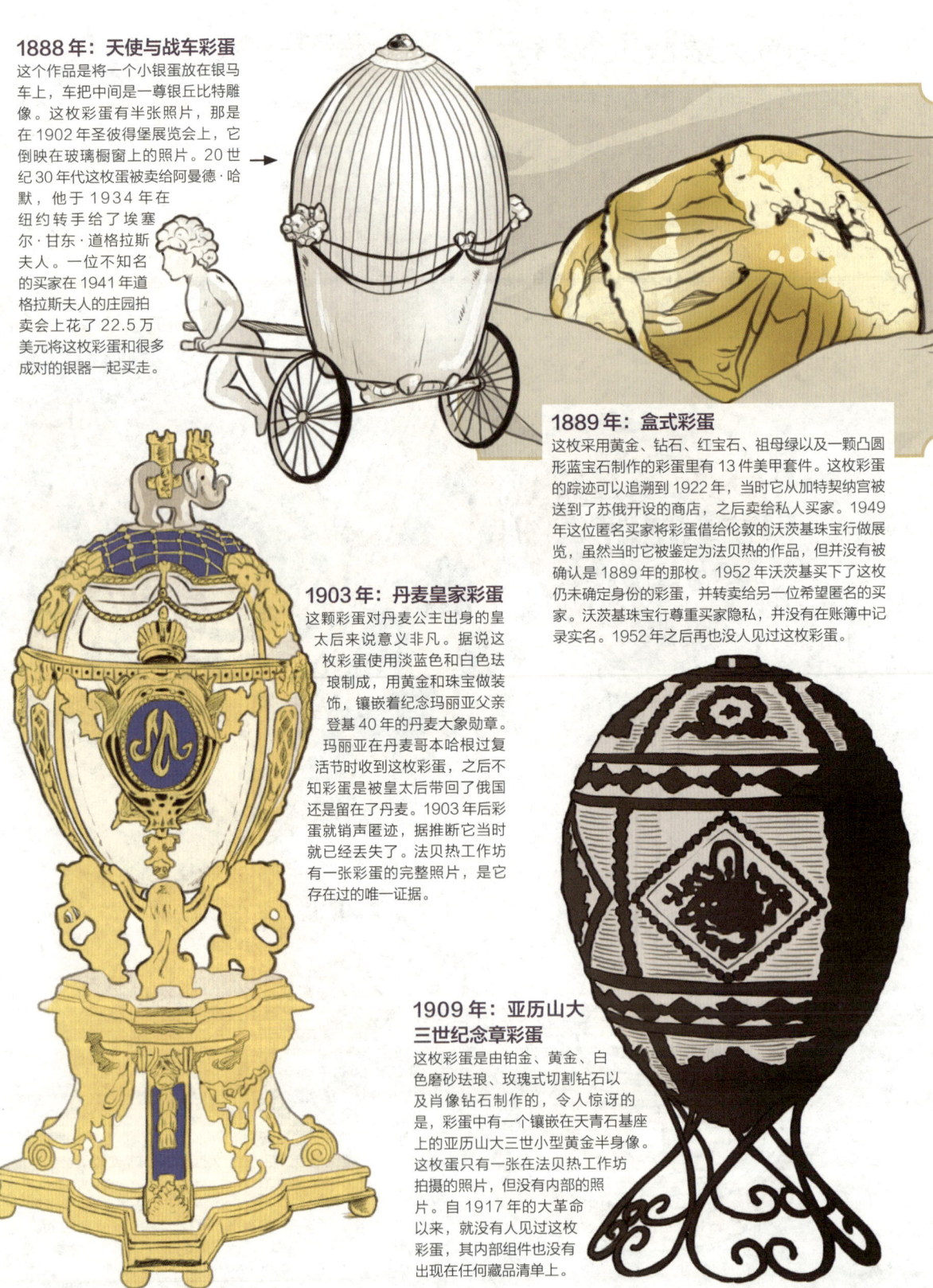

1889年：盒式彩蛋

这枚采用黄金、钻石、红宝石、祖母绿以及一颗凸圆形蓝宝石制作的彩蛋里有13件美甲套件。这枚彩蛋的踪迹可以追溯到1922年，当时它从加特契纳宫被送到了苏俄开设的商店，之后卖给私人买家。1949年这位匿名买家将彩蛋借给伦敦的沃茨基珠宝行做展览，虽然当时它被鉴定为法贝热的作品，但并没有被确认是1889年的那枚。1952年沃茨基买下了这枚仍未确定身份的彩蛋，并转卖给另一位希望匿名的买家。沃茨基珠宝行尊重买家隐私，并没有在账簿中记录实名。1952年之后再也没人见过这枚彩蛋。

1903年：丹麦皇家彩蛋

这颗彩蛋对丹麦公主出身的皇太后来说意义非凡。据说这枚彩蛋使用淡蓝色和白色珐琅制成，用黄金和珠宝做装饰，镶嵌着纪念玛丽亚父亲登基40年的丹麦大象勋章。玛丽亚在丹麦哥本哈根过复活节时收到这枚彩蛋，之后不知彩蛋是被皇太后带回了俄国还是留在了丹麦。1903年后彩蛋就销声匿迹，据推断它当时就已经丢失了。法贝热工作坊有一张彩蛋的完整照片，是它存在过的唯一证据。

1909年：亚历山大三世纪念章彩蛋

这枚彩蛋是由铂金、黄金、白色磨砂珐琅、玫瑰式切割钻石以及肖像钻石制作的，令人惊讶的是，彩蛋中有一个镶嵌在天青石基座上的亚历山大三世小型黄金半身像。这枚蛋只有一张在法贝热工作坊拍摄的照片，但没有内部的照片。自1917年的大革命以来，就没有人见过这枚彩蛋，其内部组件也没有出现在任何藏品清单上。

▼ 在回到她的家乡丹麦之前,玛丽亚·费多罗芙娜逃离俄国并在英国定居

> 彼得格勒的苏维埃政府没收了皇太后宫殿中所有的财宝并进行清点和拍照。

措施保护藏品,下令将全部藏品装车送到莫斯科,然后保存在克里姆林宫的地下金库,直到1926年才发现这些珠宝。藏品全部被取出、清理、拍照并归类,然后被重新分配。其中一部分尺寸较大、更具历史和国家意义的藏品,包括加冕礼服等,悉数保存在克里姆林宫,1967年才对外展出。现在游客们可以在军械库博物馆和钻石基金博物馆欣赏到这些藏品。

钻石基金近70%的藏品则被安排通过英国商人组成的财团出售,1927年3月16日它们被成对或成套地分为124组,大部分在佳士得拍卖行卖出。被拍卖的包括沙皇保罗的佩剑,剑柄上镶满璀璨宝石,还有一件保罗妻子心爱的首饰,是镶有叶子的麦穗状钻石头饰。多数藏品不知所终,但我们还是知道一部分藏品的下落,例如罗曼诺夫婚礼皇冠。

婚礼皇冠上镶嵌了约1500枚曾经用来装饰叶卡捷琳娜大帝服饰的老矿钻石,大颗的钻石在红丝绒包裹的骨架上排成两排,四周是闪亮的碎钻,皇冠顶部是6颗巨钻组成的十字架。皇冠的制作者无法确定,但据说是有皇家授权的圣彼得堡珠宝商尼科尔斯和普林克勒在19世纪40年代早期制作的,无论是嫁入还是出嫁的罗曼诺夫王朝新娘都需要按照传统佩戴它。玛乔丽·梅莉薇德·波斯特在佳士得拍卖行买下了这个皇冠,如今可以在华盛顿特区的希尔伍德博物馆(以前是波斯特的庄园)看到它。

直到1926年,苏联政府才发现钻石基金这个无价的宝库。但在1917年10月布尔什维克革命之后,皇室成员逃命时遗落在皇宫的大量财宝已经成了战利品。十月革命期间有几位皇

▲ 伊丽莎白·泰勒佩戴着镶嵌拉佩雷格里纳珍珠的著名项链

室成员不在圣彼得堡,其中尼古拉的母亲皇太后玛丽亚暂居于基辅的一座宫殿,显然她已经无法回到圣彼得堡的阿尼奇科夫宫和加特契纳宫了。彼得格勒的苏维埃政府没收了皇太后宫殿中所有的财宝并进行清点和拍照。

1919年玛丽亚皇太后从克里米亚登上英国军舰"马尔伯勒号"离开俄国。英国王太后亚历山德拉是她的姐姐,玛丽亚余下的时光要么在丹麦的家里待着,要么去英国看看亚历山德拉。1928年玛丽亚死于哥本哈根,最后的私人珠宝全都放在床头首饰盒中。这盒珠宝被送到伦敦,珠宝商亨内尔斯认为这盒珠宝总价值高

▼ 1894年,季娜伊达·尤苏波娃公主穿着拉佩雷格里纳珍珠装饰的裙子

▲ 为了避免藏品被没收,尤苏波夫公爵从画框上割下了伦勃朗绘制的某女士手拿鸵鸟羽毛的肖像画
◀ 尤苏波夫公爵从画框上割下的戴高帽和手套的绅士肖像画

▲ 19世纪早期制作的珍珠和钻石皇室王冠

达15.5万英镑（约等于现在的880万英镑或者1100万美元），之后送回到皇太后的女儿——女大公齐妮娅和奥尔加手中。英国王后玛丽从女大公处只购买了4件物品，而且和传言相反，她支付了合理的市场价格。后来王后又陆续入手其他饰品，每次支付给齐妮娅和奥尔加的金额都很合理。

玛丽亚皇太后的孙女，也就是尼古拉唯一的侄女俄国公主伊琳娜，嫁给了本国最富有的贵族费利克斯·尤苏波夫公爵。十月革命之后，这位鲁莽的公爵潜入圣彼得堡莫伊卡运河边自己的尤苏波夫宫，从画框上割下来两幅伦勃朗的画，在口袋里装满零散的宝石和较小的首饰逃走了。美若天仙的塞奈达公主是费利克斯的母亲，她带着大量珠宝逃离俄国，其中包括被称为拉佩雷格里纳的133颗珍珠。1939年塞奈达去世后，一家日内瓦珠宝商买走这些珍珠，其后演员理查德·伯顿将其买下送给了妻子伊丽莎白·泰勒，泰勒把拉佩雷格里纳珍珠镶嵌在卡地亚红宝石项链上，据说这条项链仍然保存在泰勒家。

其他皇亲国戚的宫殿和银行保险箱很快都被查封并清点，其中的金银珠宝被用来为政府的工业化计划提供资金。

最后政府将征收并清点过的金银珠宝在莫斯科设立的商店中销售，他们鼓励对没落皇室文化感兴趣的外国人前来购买，但禁止本国人进入，而且只允许用硬通货购买。许多珍品被美国商人阿曼德·哈默购买，他保留了一部分自己收藏，大部分则转手流通到纽约的商店。对于新成立的苏维埃政府而言这是一个宝贵的收入来源，通过这种方式，许多俄国皇室宝藏进入了不为人知的家庭和私人收藏中，而且由于销售历时太久，大多数藏品已经无法验证花落谁家。阿曼德·哈默则成了20世纪最有名的俄国艺术品收藏家。

另一位著名的俄国艺术品收藏家是波斯特谷物公司财富的女继承人玛乔丽·梅莉薇德·波斯特，其丈夫是美国外交官约瑟夫·E.戴维斯，曾在1936年到1938年在美国驻苏联使馆任职18个月。她在莫斯科的时候曾受邀参观出售皇室藏品的商店，其实在她第一次参观之前大多数展品就卖得差不多了，可她还是找到几件令人惊艳的艺术品，还有大量只需称重购买的失去光泽的银和锡制品，她买回后重新将它们擦亮。如今可以在希尔伍德博物馆欣赏到以上艺术品以及她在1927年伦敦佳士得拍卖会上入手的藏品。

如果哈默和波斯特是被没收的俄国皇室和珠宝艺术品的第一代收藏家的话，那么马尔科姆·福布斯就是第二代中的佼佼者，此外还有如弗吉尼亚美术博物馆等其他几家机构。马尔科姆·福布斯收藏的俄国皇室艺术藏品丰富炫目，其中包括9个为皇太后玛丽亚和皇后亚历山德拉制作的法贝热复活节彩蛋。2004年，俄罗斯实业家维克托·维克斯贝格开始回购福布斯的藏品以及其他来源的俄国皇室艺术品并送回祖国。俄罗斯文物珍品归国是举国同庆的事情，但由于很多文物被卖到世界各地并二次转卖，还有很多被丢失或遗忘，这些文物已经不可能全部回归俄罗斯了。

图片来源

19	©Getty; Alamy
25	© Getty
30	© Getty; Alamy
32	A.Savin, Wikimedia Commons
38	© Getty; Alamy;Topfoto
47	©Getty
57	© Getty; Alamy; Topfoto
67	©Getty
75	©Getty
87	© Getty Images
90	©Getty
103	© Alamy; Getty
109	© Getty
127	© Getty
133	© Getty
140	© Getty Images
154	© Alamy, Getty Images, GARF/State Archive of the Russian Federation
173	© Alamy, Getty Images, Mary Evans, TopFoto, Greg King
185	© Alamy, Mary Evans, Shutterstock